财务分析那些事儿

Power BI 财务数据实战

杨晨 编著

电子工业出版社
Publishing House of Electronics Industry
北京·BEIJING

内 容 简 介

本书从财务分析师的视角阐述了Power BI在日常财务工作中的应用，主要包括搭建财务模型、制作分析报告、风险控制、制定预算和财务分析案例等方面，对提升数据处理效率、进行可视化展示都提供了解决方案。

本书的特点是将日常的财务工作和Power BI的各项功能结合起来介绍Power BI在财务工作中的应用，可操作性强，读者在学习之后就可以立即应用到日常工作中。

本书适合财务分析师或有意转做财务分析的人员阅读，也可作为大专院校经管专业学生了解管理会计、财务分析等实际操作的阅读材料。

图书在版编目（CIP）数据

财务分析那些事儿：Power BI财务数据实战／杨晨编著．—北京：电子工业出版社，2021.1
ISBN 978-7-121-40194-7

Ⅰ. ①财… Ⅱ. ①杨… Ⅲ. ①可视化软件－应用－会计分析 Ⅳ. ①F231.2-39

中国版本图书馆CIP数据核字（2020）第245055号

责任编辑：李利健
印　　刷：北京虎彩文化传播有限公司
装　　订：北京虎彩文化传播有限公司
出版发行：电子工业出版社
　　　　　北京市海淀区万寿路173信箱　　邮编 100036
开　　本：720×1 000　1/16　印张：13.75　字数：225.5千字
版　　次：2021年1月第1版
印　　次：2022年8月第5次印刷
定　　价：79.00元

凡所购买电子工业出版社图书有缺损问题，请向购买书店调换。若书店售缺，请与本社发行部联系，联系及邮购电话：（010）88254888，88258888。

质量投诉请发邮件至zlts@phei.com.cn，盗版侵权举报请发邮件至dbqq@phei.com.cn。

本书咨询联系方式：（010）51260888-819，faq@phei.com.cn。

自序

创作初衷

提到这本书的创作初衷，说来话长。

财务分析师是一个职业，在互联网公司或者外企公司的名称一般是财务分析或者财务 BP（Business Partner），意为业务的财务伙伴，仅从字面就可体现其与业务有着紧密联系；在国企或者民企也有少量相同性质的岗位，名称可能是管理会计或预算管理员，区别于一般观念的财务会计，为管理层提供管理决策支持。

无论名称如何设定，从实际工作看，确实很少有人毕业之后就可以直接上手做财务分析师，一般需要具备一定的工作经验之后再过渡到这个岗位。笔者身处互联网行业，所看到的互联网行业的财务分析师大多是出身于四大会计师事务所（以下简称"四大"）的审计师或者外资企业 500 强（以下简称"外资 500 强"）的管培生，还有少量的分析师有业务背景或者会计背景等。为什么大部分的候选人来自"四大"或者"外资 500 强"呢？这是因为来自"四大"或"外资 500 强"的候选人有着得天独厚的优势。首先，"四大"候选人天然的标签就是专业，在经受"四大"成熟的培训体系和项目制体系的锻炼之后，这些候选人已经具备了成熟的财务专业素养，入职公司之后可以很好地处理业务，解决管理层提出的财务问题，即使他们缺乏对业务的了解，也可以在今后的工作中逐步学习，并且企业面试官也愿意给他们学习的机会。同样，"外资 500 强"的财务管培生同样经历了良好的培养体系。职业发展初期，基本上每一位新人都被要求在不同的岗位中进行轮岗，最终选择最适合自己的岗位发展。而财务分析师这个岗位在所有的大型外企中几乎都有设立，这给了财务管培生更多的机会接触这个岗位，同时为他们今后的跳槽增添了砝码。

和大多数财务分析师的职业路径不同，笔者是从会计岗位转到财务分析师岗位的，并且还是跨行业跳槽，其中的难度不言而喻。笔者的第一份工作是在一家房地产公司做财务会计。财务会计想必是大部分财务专业同学的职业起点，每天主要的工作是做凭证、装订凭证等，如果有楼盘项目开盘，还会支援现场进行资金收支，每个月所做的事情基本保持不变，而且主要是对报表和财务数据的处理。一天，笔者偶然在网上发现有财务分析师的招聘，主要工作内容是财务计划、预算管理等，更重要的是，在招聘需求里提到这个岗位需要"深入业务，了解业务"，笔者逐渐意识到，或许在这个岗位上有机会发挥更多的可能性和创造性。笔者那时候就想多了解一下这个岗位，尽管从字面意思上理解，岗位的工作内容和财务管理、管理会计的相关知识结合很密切，但是毕竟没有实操经验，还是需要获取更多的信息。在书籍和网络中搜索之后，笔者发现当时并没有特别多关于介绍这个岗位内容和特点的信息，因而在搜集时遇到了很大的困难。这也为后来萌生写书的想法埋下了一颗种子。

一本介绍财务分析的书

财务分析其实是跟理论结合十分紧密的工作，笔者以前在学校学习的时候，有时会为了应付考试而生硬地记住考点，但是只知其然，而不知其所以然。在真正成为财务分析师之后，笔者在实际操作中接触了具体工作，才对学习过的知识有了新的理解。

举一个简单的例子。笔者离开房地产公司之后，入职了一家互联网电商企业，这家企业有三类业务，姑且称为 A、B、C 三种。有一次，老板让笔者谈谈对这三类业务的看法。笔者当时仅仅就是简单描述了一下这些业务的状态："A 业务发展时间悠久，是公司起家的基础业务，盈利性好、市场占有率高。B 业务是近期新发展的业务，依托于 A 业务打下的基础，B 业务发展迅速，但是目前亏损。C 业务是收购回来的轻资产业务，增速快，并且在市场上没有较强的对手。"

听完笔者的论述之后，老板跟笔者提到了一个分析框架——波士顿矩阵。这时笔者才恍然大悟，原来可以用波士顿矩阵进行分析。财经专业的同学或多或少都在战略的课上学习过波士顿矩阵，想必不会陌生。波士顿矩阵使用相对市场占有率和销售增长率这两个指标，衡量企业的产品结构是否合理，用来分析业务在市场中的定位，并制定合理的战略目标，如图1所示。

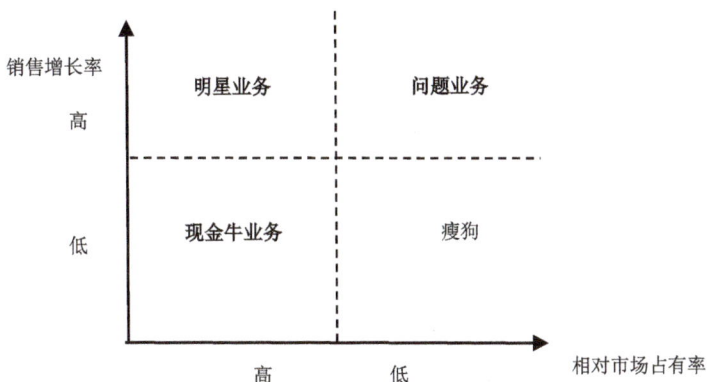

图1

A的市场占有率高、增速低，属于现金牛业务；B的增速快，但是市场占有率低，属于问题业务；C的增速快，而且市场占有率高，是明星业务。

其实分类正确并不是关键，关键在于通过这种分类，财务分析师就可以根据不同业务的特点进行分析。A作为成熟的业务，应该做多利润，减少投资，对于这类业务发生的费用要严格审批和控制。B正在经历高速增长，短期的亏损是允许的，只需将亏损控制在合理范围内即可，同时保持快速扩张的势头。C应当继续巩固自己的市场地位，允许适当投入，而且C是轻资产的业务，固定投入少，费用项主要是市场费用，只要控制市场费用投入规模，就可以基本保持盈利。分析之后，各个业务根据各自特点制定不同的预算目标。

经过那次业务后，笔者强烈地感受到了以前学习的知识居然可以和工作联系得这么密切。以前这都是书本上的知识，只有亲身经历了业务，才知道这些都可以为实际工作所用。在实际工作中总结财务领域的知识，将知识转化为工作的思维方式，在这种反复思考和总结中才能将所学转化为所用。

笔者希望借此书谈一下对财务分析师日常工作的理解，并且结合案例讲述 Power BI 在财务工作中的应用，帮助财务分析师们将知识在日常工作中直接应用起来，真正做到所学即所用。如果是想要转岗到财务分析的人，也不妨借此书了解财务分析师的工作内容，有助于对自己的职业进行规划。因此，笔者对这本书的定位并不是一本"工具书"，而是一本介绍财务分析工作的书籍，书中的大量案例是从笔者平时的工作中总结出来的。即使你现在不是财务分析师，或者将来也未必从事财务分析工作，但是如果你的日常工作涉及分析工作，或者想要培养独立分析的思维，希望本书也能帮助你。

财务人应当具备"超配意识"

一次，笔者的母校举办校友日活动，邀请了阿里巴巴前总裁卫哲来校演讲。记得当时卫总演讲的题目是《如何做一个具有超配意识的 CFO》。什么是"超配意识"呢？就是提前配置资源的意识。当时他举了这样一个例子，当年蔡崇信在马云还在家里办公的时候，就让普华永道（普华永道是国际知名的四大会计师事务所之一）来给阿里巴巴审计，马云说审计费很贵，但是蔡崇信说道，不是要让公司活 102 年吗？第一天做的错事如果没有被查出来，可能在 50 岁的时候被查出来，也有可能在 20 岁的时候被查出来。如果要活到 102 岁，那么从 1 岁开始就不要做坏事，1 岁开始就请顶尖的事务所来审计。普华永道当时去做审计的时候，阿里巴巴还是一家在家里办公的公司，但这个做法让阿里巴巴的合规体系一直健康成长到今天。

在财务管理的知识体系中，笔者联想到了"激进型融资策略"。激进型融资策略指的是在解决临时性流动资产的资金需要的同时，还解决部分永久性资产的资金需要。激进型融资策略是一种风险性和收益性均较高的营运资金筹集策略。上述例子中，阿里巴巴面对的短期需求是"需要被审计"，而面对还在家里办公且只有 18 个人的团队，这个工作完全不需要"四大"之一的普华永道做审计，只需要一家小型事务所就可以完成。或许在未来的某一天，当企业规模做到一定的程度之后，找更大的事务所审计更有必要，这是当时看来的长期需求。请普华永道做审计，既满足了当时阿里巴巴的短期需求，又满足了未来可能的长期需求，这是蔡崇信的超配意识带给阿里巴巴的财富。

对于每个财务人来说，同样需要具备超配意识。在参加"校招"和"社招"的时候，笔者能明显体会到有超配意识和没有超配意识的差异。"校招"的面试官询问应聘者之前的经历时，更多地关注这个人以后的潜力如何，是否值得培养，而在"社招"中，面试官了解应聘者过去的经历，是为了了解应聘者的能力是否能匹配职位的工作内容。我们都应该具备超配意识，不断提升自己的软硬件能力，这样在应聘新的职位时才会有更大的概率取得成功。

有效利用数据是发展趋势

谈完对财务分析工作的理解，笔者再讲一下对 Power BI 的理解。以发展的眼光看，学习 Power BI 对财务人员和企业都非常有利。

对个人而言，学习 Power BI 可以了解分析技巧、可视化展示，尤其是对小公司的财务工作者，如果想跳槽到信息化程度更高的公司，势必是需要了解像 Power BI 这类数据分析软件的。因为在信息化程度高的公司，整个公司的数据库已经做得相当完善，在处理这些数据时，需要用到 SQL 语言快速调用数据到 Power BI 等分析软件，之后再进行进一步分析和可视化展示。

对企业而言，随着公司规模不断扩大，相应的数据量也会增加。如果不能有效地存储、利用这些数据，不仅浪费资源，而且会错失市场机会。Facebook 就使用大数据来追踪用户的上网行为，识别可能认识或者兴趣相近的网友，从而添加他们为好友。这样，用户有了更多的好友，对网站的依赖就会更强。沃尔玛在 20 世纪就建立了完善的信息系统，通过对数据进行分析，发现了"啤酒"与"尿布"两样看上去毫无关联的商品经常会出现在同一个购物篮中，而且购买人往往是男性。其实背后的原因是，在美国有婴儿的家庭中，一般是母亲在家中照看婴儿，年轻的父亲去超市买尿布，父亲在购买尿布的同时，往往会顺便为自己购买啤酒。由此，沃尔玛就在卖场尝试将啤酒与尿布摆放在相同的区域，让年轻的父亲可以同时找到这两样商品并很快完成购物，从而极大地提升用户体验和商品销量。由此可见，数据能发挥多大的价值，很重要的一点就是公司如何获取、存储这些数据。当企业建立起完备的数据库时，Power BI 就更能发挥其数据处理优势。需要说明的是，本书使用的数据均为虚构数据。

由于笔者水平有限，本书在编写过程中难免有不足之处，恳请读者批评、指正。

作　者

读者服务

微信扫码回复：40194

- 获取本书配套案例资源
- 获取作者提供的各种共享文档、线上直播、技术分享等免费资源
- 加入本书读者交流群，与作者互动
- 获取博文视点学院在线课程、电子书 20 元代金券

目录

第1章
Power BI 与财务分析的结合

　　会计工作者小黑之前在总账岗位工作，由于他觉得记账、对账的工作没有价值，进而萌生了转岗的想法。他看到财务部的分析组每天分析财务数据并向业务部门汇报，认为这是个有价值的工作，于是就想询问领导公司内部有没有转岗的机会。但是公司内部往往是"一个萝卜一个坑"，除非公司业务增多或者现有人员离职，否则什么时候有岗位空缺都是不确定的。在公司内部转岗遇阻的情况下，他也在尝试寻找公司外部的机会。A公司给了他面试的机会，A公司领导杨经理认为小伙子已有的会计经验和不安于现状的上进心会帮助他胜任这份财务分析工作，所以在面试之后录用了他。

　　由于没有财务分析的经验，小黑刚开始肯定是从最基础的工作做起，也就是数据整理。A公司是一家创业型公司，财务信息化的程度并不高，而财务数据大多是靠 Excel 进行整理的。每个月月初分析组要出具各个业务线的管理用财务报表，基础数据由小黑整理。小黑发现，整个报表数据整理下来需要花费两到三天的时间，再加上后续总会有一些从财务维度调整到管理维度的调整项，所以整个报表编制要花费近一周的时间。小黑感觉虽然换了岗位，但是没有价值的数据整理工作却依旧存在。这时候他陷入了迷茫。

　　经理发现了小黑的问题，跟小黑讲："虽然你做的是数据整理工作，但也是为之后做财务分析打基础。只有了解了公司的费用有哪些、收入是如何构成的，才能进一步做分析和测算，而且在与业务部门打交道的时候还要清楚如何从业务视角分析问题、解决问题。"

不管是会计工作还是财务分析工作，都会涉及数据整理，比如会计的对账和记账，以及整理并分析报表数据，都是一个确认数据准确性的过程。也许其中花费了很多时间，不过可以通过优化工作流程，减少不必要的时间来提高效率。但是工作本质是一样的，都是为了后续的工作做铺垫。就像例子中经理所说的那样，不管后续给业务部门做分析还是做测算，只有首先了解已有数据，确保数据的准确性，才能更好地与业务部门进行沟通。只有知晓现在，才能更好地预测未来。

再看案例中的小黑，抱怨数据整理工作花费了太多的时间。就客观事实来讲，如果一名财务分析师花费了很多时间在数据整理上，那么确实无法进行更有价值的分析和预测工作。而整理数据需要有一定技巧，如果在底稿搭建上符合日常工作需求，那么就不需要经常更改底层数据的结构和报表逻辑，相关内容在本书后续章节里也会逐渐展开说明。相信和小黑有一样烦恼的读者在掌握 Power BI 之后都会在处理数据上事半功倍。

1.1　财务分析师的日常

相信大家或多或少地听说过四象限工作法，这是著名管理学家史蒂芬·科维提出的一个时间管理理论。如图 1-1 所示，史蒂芬·科维把工作按照重要和紧急两个不同的程度进行了划分，基本上可以分为四个象限：紧急且重要、不紧急但重要、紧急但不重要、不紧急也不重要。按处理顺序划分：先是处理紧急且重要的工作，接着处理不紧急但重要的工作，再处理紧急但不重要的工作，最后处理不紧急也不重要的工作。

财务部的岗位主要有资金、会计、分析等，资金与银行和收付工作直接相关，会计按照财务准则和相关法律法规核算和编制报表；财务分析师则是接触公司业务最多的财务人员，需要站在业务角度或者公司战略的角度考虑问题。作为一名财务分析师，日常打交道最多的就是各种财务数据，往往处理数据就会占用财务分析师大量的时间，那么是否应该将整理数据归类到重要工作中呢？

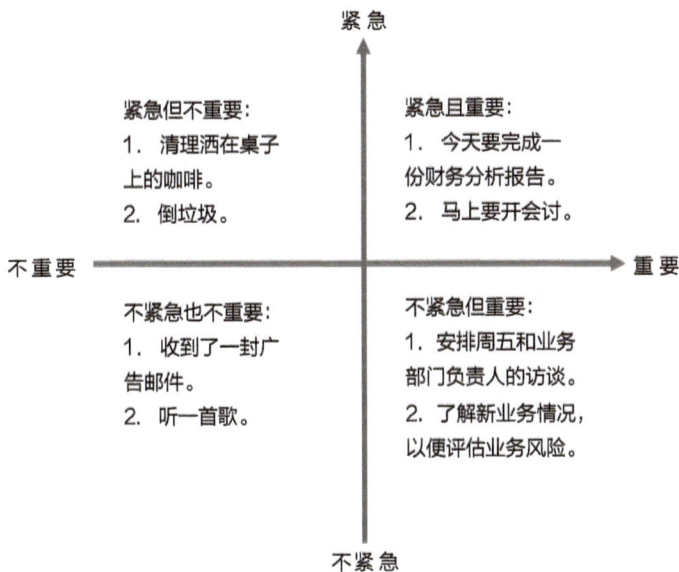

紧 急

紧急但不重要：
1. 清理洒在桌子上的咖啡。
2. 倒垃圾。

紧急且重要：
1. 今天要完成一份财务分析报告。
2. 马上要开会讨。

不重要 ————————————————————→ 重要

不紧急也不重要：
1. 收到了一封广告邮件。
2. 听一首歌。

不紧急但重要：
1. 安排周五和业务部门负责人的访谈。
2. 了解新业务情况，以便评估业务风险。

不紧急

图1-1

尽管财务数据信息量巨大，但是财务数据是公司各种经营活动中所产生的各种数据经过过滤之后的结果。财务分析师如果仅从财务数据看待业务，那么难免会对公司的经营状况产生片面理解，有时候对业务的理解也仅仅是浮于表面。若要做出一些有意义的分析，就必须要深入理解业务实质。只有与业务部门进行沟通，了解业务情况后，才能知道数字变动背后的含义。所以，作为一名财务分析师，最重要的工作是了解业务，而非整理各种财务数据。

说到财务分析师的日常工作，主要可以分为：出具并分析管理用财务报表、日常分析和决策支持、费用管理与分析、内部控制、全面预算管理等。

理想的时间分配是这样的：

20% 的时间用于整理数据，其中的特殊项目、调整项目需要及时跟进了解，这样在业绩发生异常变化时才会有敏感的"嗅觉"。虽然财务分析师不需要做账，但是要能看懂账，明白分录代表的含义。例如：公司 2019 年有一笔 500 万元的应收款由于与客户对账、收账时间非常久远，临近年底了还未收回，本着会计处理的谨慎性原则，会计人员计提了一笔坏账准备。而在对内给业务方看当月的业绩和利润时，这一笔坏账不适合计入经营性支出，因为这并不是日常经营正常发生的，只是由于对方回款速度慢影响了本期的利润，所以在分析经营性净利润时需要剔除。当然，对于欠款仍要提醒业务方尽快催促客户回款。

50% 的时间用来沟通，跟业务部门沟通业绩、费用变动的深层次原因。由于毛利 = 客单价 × 订单量 × 毛利率，在财务人员看来，毛利的下降是客单价、订单量和毛利率这三个数字变化引起的，而在业务部门看来，可能是产品的市场存量变动，或者是消费者对品类的喜好程度发生了变化，导致销售客单价波动，进而影响毛利。需要明确的是，更深层次的数据变动原因来源于业务本身。因此，与业务部门日常的沟通是非常有必要的。

30% 的时间用于分析和预测。这个时间用来思考如何有效地输出前期整理、分析和沟通的数据，不需要拘泥于形式或者工具，关键是考虑信息接受人，也就是管理层的理解难易程度，尽量通过可视化的传递方式让管理层直观地看到结果。

目前在大多数企业中，大量的工作仍然基于 Excel。不可否认的是 Excel 作为绝大多数企业使用最广泛的数据处理软件之一，能满足大部分场景下的数据处理需求，但是随着企业业务量的增加，业务结构在不断调整，新的业务又需要搭建不同的财务模型，使得数据处理工作需要大量的手工作业，自动化程度不够高，造成处理任务的时间比例是：整理数据占 80%、与业务部门沟通占 10%、分析和预测占 10%，如图 1-2 所示。这个比例并非是空穴来风，而是笔者在刚入行财务分析师时所经历的真实体会。那时候，企业的自动化程度不高，管理用财务报表、预算模板都是靠 Excel 完成的，再加上互联网企业的变化非常迅速，业务模式和组织架构一变动，财务分析师的这些报表就要跟着一起变动，所以整日都陷入调整模板、整理数据、核对数据的工作泥潭中，浪费了大量时间。而真正对业务有价值的财务模型搭建、预测等工作就只能用较少的时间去完成了。

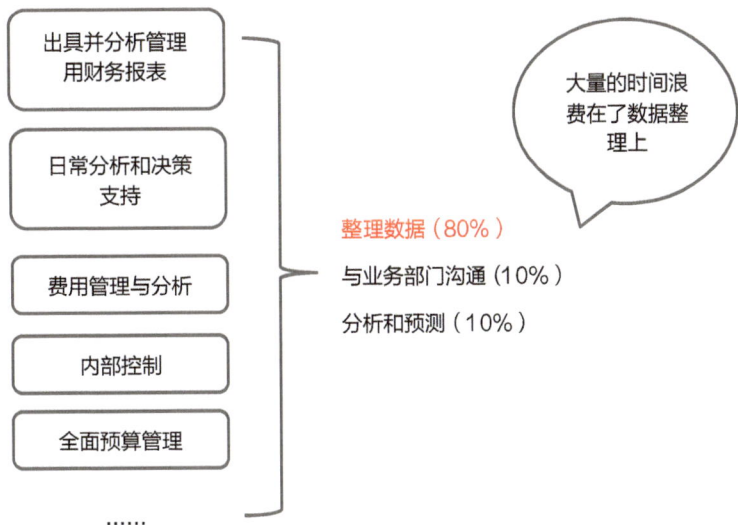

出具并分析管理
用财务报表

日常分析和决策
支持

费用管理与分析

内部控制

全面预算管理

......

大量的时间浪
费在了数据整
理上

整理数据（80%）
与业务部门沟通（10%）
分析和预测（10%）

图 1-2

若想不陷入整理数据的泥潭里，就需要不断优化操作流程，提高工作效率。那么究竟应该如何做呢？首先，我们要知道数据只是一种语言，用来表达分析师想要表达的观点，学会使用数据，就像婴儿学会发声，仅仅是到了"会说话"的层次，而如何清晰地传达观点并让对方完整接收，则是更进一步的成长。使用 Excel、Power BI 等工具就像是使用不同的表达方式，那种更直观、更高效的表达可以让人立刻明白重点。只有找到合理的表达方式，婴儿才能从"会说话"转变为"说好话"。

1.2 为什么是 Power BI

1.Power BI 入门门槛低

现如今的很多工具使得我们的工作方式变得越来越智能、高效，大家都在追求更快的速度，节省出更多的时间，发展自己的能力。在一般的财务工作中，除了金蝶、SAP 等财务软件，用到最多的办公软件就是 Office 办公软件了。作为财务分析师，Excel 又是不可或缺的分析工具。相比于 Excel，财务人员对 Power BI 也许会比较陌生，后者作为商业智能平台，可以获取网络上的数据源、迅速处理大量的数据、生成交互式报表等。对于每天业务数据量大且复杂的企业来说，财务分析师不仅要了解最终的财务指标，还要深入业务前端，对于市场情况和业务数据都要有准确的判断。财务人员不像 IT 人员那样了解编程，可以通过大数据软件很方便地进行数据清洗。而 Power BI 入门门槛低，对数据处理的操作方便，无疑让财务人员又有了一个强大的办公助手。

2.Power BI 拥有强大的数据处理能力

笔者相信，对每一个用过 Excel 的财务人员来说，对图 1-3 中的提示一定不会陌生。当出现这种情况的时候，大家在心中肯定在叹息"为什么上一步没有保存……"。

在面对大量的数据时，Excel 的处理能力确实有限。例如，Excel 有行数限制，如图 1-4 所示，Excel 的行数被限制在了"1048576"行，对于每天订单数据大的企业来说，处理起来会非常不便。而 Power BI 基本不会遇到数据处理的限制，所以处理大量数据时的优势就非常明显。

图 1-3

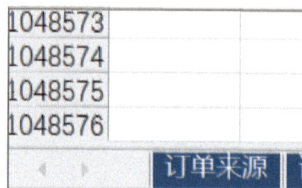

图 1-4

3.Power BI 管理关系更加灵活

笔者作为财务分析师，每个月都需要将经营数据从数据库中导出，然后制作汇总的经营数据。如果使用 Excel，则需要通过数据透视表匹配出经营数据对应的渠道、门店的订单量、收入、成本等数据。由于数据量有几十万行，运行起来特别慢。另外，每次都需要写 VLOOKUP 函数进行匹配，比较麻烦。

而使用 Power BI，通过管理关系，就可以建立表与表、列与列之间的匹配关系，如图 1-5 所示。

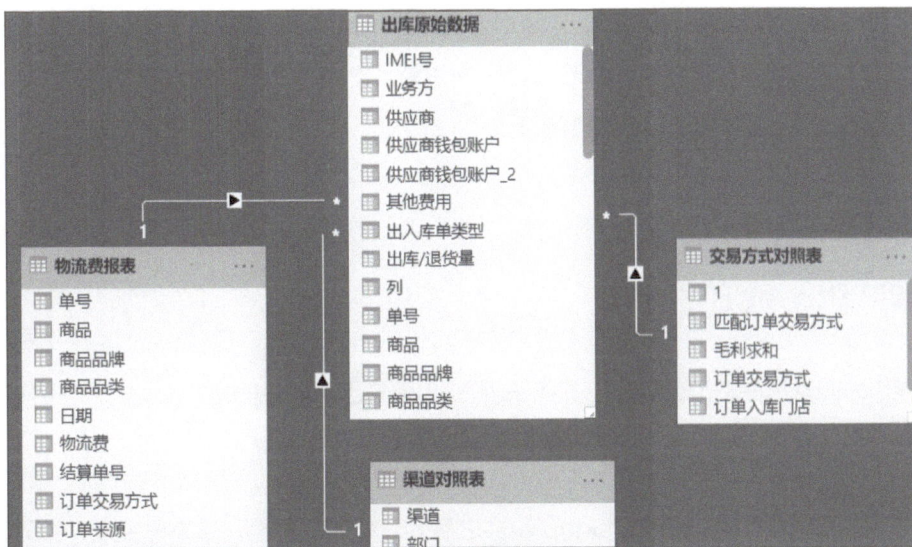

图 1-5

在汇总的时候只需要拖曳相应的列、构建矩阵就可以实现表格的制作，如图 1-6 所示。

月份	匹配订单交易方式	销售额	毛利	费用汇总1	利润
3	O2O订单	218,614.00	-13,025.90	168,346.51	-193,746.79
3	快递订单	1,477,821.00	138,097.45	1,139,563.16	-1,085,115.96
3	门店订单	96,767.00	-11,841.30	74,999.57	-92,318.24
3	上门订单	82,308.00	-8,743.25	63,283.41	-76,685.60
4	快递订单	600,241.00	598,772.45	452,750.73	112,045.81
总计		2,475,751.00	703,259.45	1,898,943.38	-1,335,820.78

（注：图中数字的单位为元）

图 1-6

　　工作效率的提升体现在很多方面，不仅仅是上述操作，还有很多关于 Power BI 提升效率的数据清理方法，相关内容在后面章节都会一一讲解。这些方法帮助笔者节省了不少时间，从而可以将更多的精力用于更有价值的事情上。

1.3 初识 Power BI

　　同样作为微软出品的办公软件，二者在界面和操作上也有一些相似性，这对于熟悉 Excel 的人来说，为上手 Power BI 提供了很多方便。

　　图 1-7 是打开 Power BI Desktop 软件之后的"报表"界面，版本号是 2.79.5774.0。由于 Power BI 会经常迭代，所以不同版本的界面的设计会有所差异。界面顶部是导航栏，可以进行数据查询、建模等。左侧是"报表""数据""模型"切换三种视图界面的按钮，其中，"报表"界面是进行数据可视化的界面，在空白区域可以增加很多可视化的图表，利用右侧的"可视化"窗格就可以构建不同的图表。而"字段"窗格会显示已导入的表格及所包含的字段列，在建立度量值之后，"字段"窗格里会出现已建立的度量值字段。在"数据"界面中可以看到数据表中的具体数据，样式类似 Excel 中的 sheet。"模型"界面显示表和表之间的关系，如图 1-5 所示。

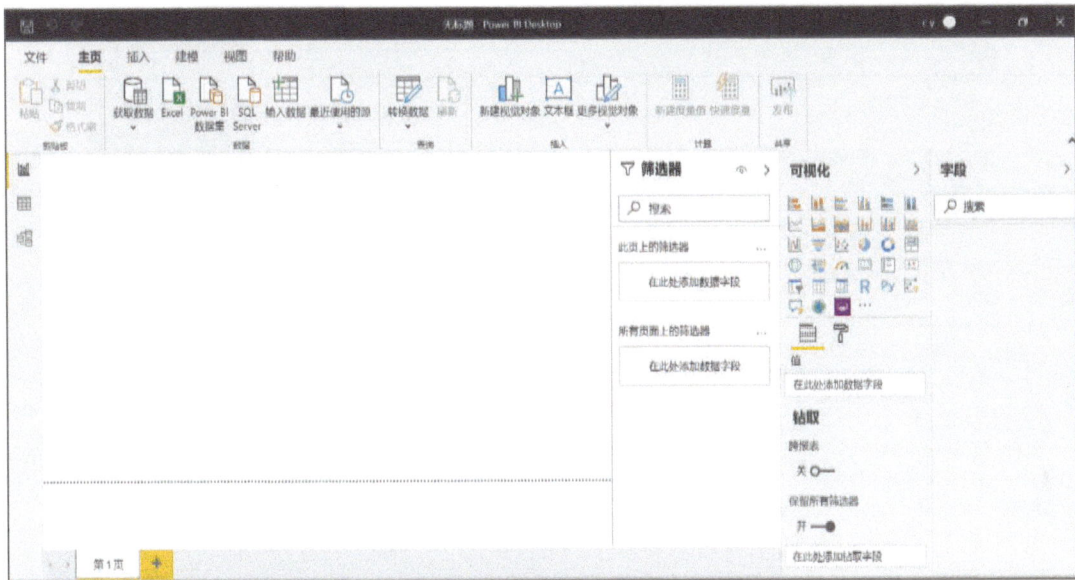

图1-7

在 Power BI 中，整合了数据查询（Power Query）、数据建模（Power Pivot）和数据可视化（Power View）这三部分功能。如图 1-8 所示，这三部分贯穿了数据引入与清洗、数据建模与分析，以及数据可视化一系列的过程。

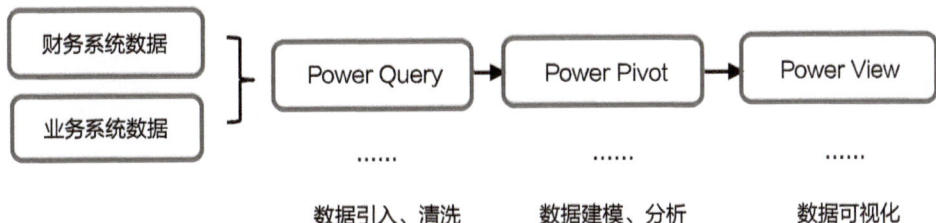

图1-8

在图 1-8 中，Power BI 具备的这三个主要功能都可以在 Excel 的插件中找到，如果不想单独安装 Power BI 软件，也可以尝试在 Excel 中完成操作。如图 1-9 所示，选择"文件"选项卡，在弹出的界面中选择"选项"，会弹出"Excel 选项"对话框。

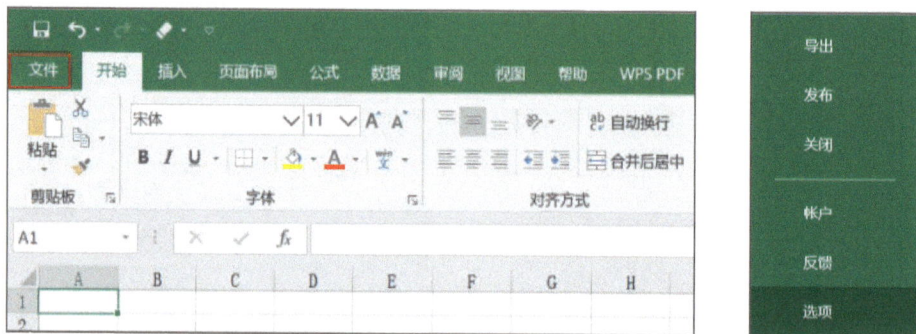

图 1-9

在"Excel 选项"对话框中选择"加载项"→"COM 加载项"→"转到",如图 1-10 所示。

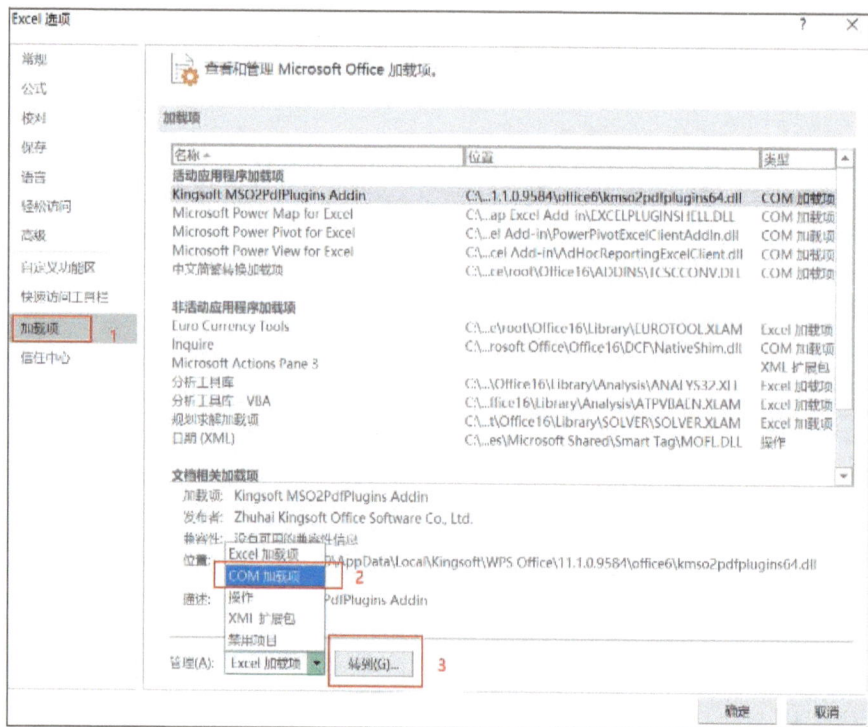

图 1-10

在弹出的"COM 加载项"对话框中，勾选"Microsoft Power Pivot for Excel"和"Microsoft Power View for Excel"两个加载项，分别对应图1-8中的数据建模和数据可视化，如图1-11所示。

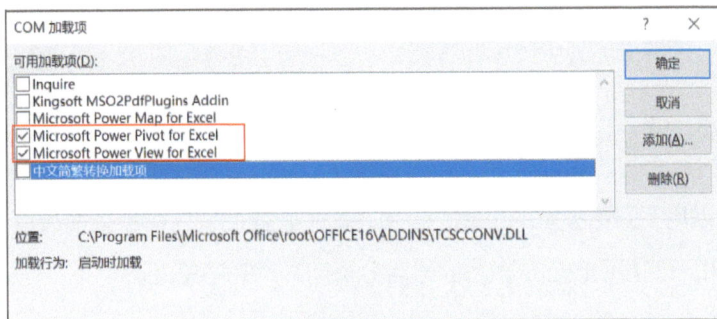

图1-11

Excel 2016中自带数据查询功能，在"数据"选项卡中单击"新建查询"按钮即可，如图1-12所示。

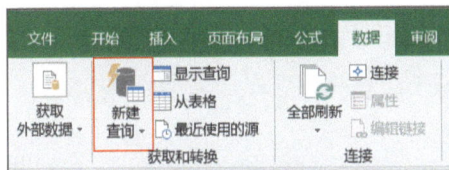

图1-12

下面介绍数据查询、数据建模和数据可视化的主要功能。

1. 数据查询（Power Query）

财务数据一方面来自 SAP、金蝶等财务软件中录入的凭证，另一方面来自业务部门的经营数据。对于个人报销的费用和对公打款的费用，一般都是先由会计人员录入财务系统中的，然后分析师从财务系统的费用明细账中取数，这类数据来源具有非常强的延时性。比如，一名员工的出差费用发生在 1 月，但是从报销审批到付款，再到实际记账，最后费用月份就落到了3 月。在公司实现财务自动化之后，费用凭证自动生成，虽然会有一定的延时，但与之前相比，效率得到了大大提高。而业务系统取得的数据往往是实时或者次日就可以生成的。数据导出格式多以 Excel 形式为主，导出后的表格还需要进行筛选、归类等清洗操作，使用数据查询模块引入并清洗数据，使数据达到可使用的状态。

2. 数据建模（Power Pivot）

数据建模可以用于财务模型的搭建，但是功能不止如此。对财务人员而言，学习一些统计学和数据分析的知识能帮助自己从更多的维度分析问题，开拓思维。

3. 数据可视化（Power View）

最后，建立的财务模型要通过数据可视化展示出来。什么是数据可视化呢？就是用图表等直观的形式把想要表达的数据展示出来，让看数据的人一目了然。一般公司的财务分析报告大都是通过 PPT 的形式展现的。由于 PPT 本身页面有限，需要突出重点，引导观众跟着报告的思路思考。其中多配以图表，更可以让观众清晰地看到结果，这也就是为什么很多手机品牌的新品发布会大多播放的是配合大屏展示的图片，只配有少量文字。

而 Power BI 相比于 Excel 来讲，能够制作动态图表，并且图表之间可以相互钻取，如图1-13 所示，若单击饼图中的"福建"板块，其中的树状图和条形图也会单独显示"福建"对应的数据。其制作方法在后面的章节里会做进一步介绍。

Power BI 还有一个功能，就是用 Power BI 制作的图表可以内嵌到 Power Point 里面。

Power BI 制作完报表之后，选择"发布"即可，如图 1-14 所示。

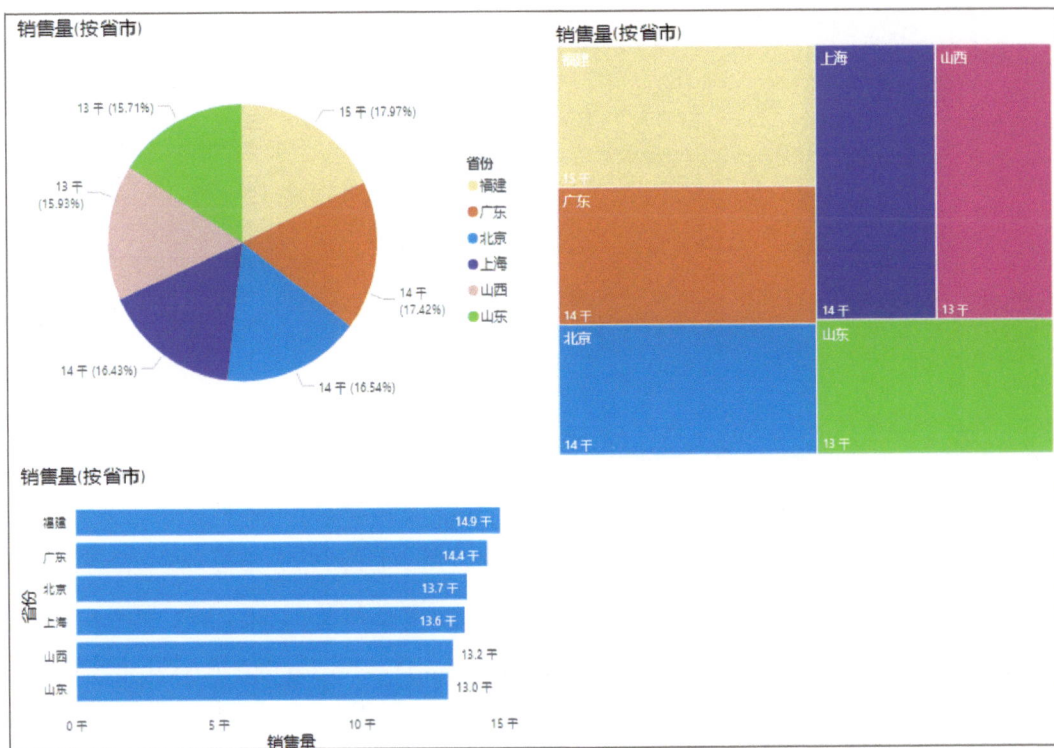

图 1-13

图 1-14

在制作 PPT 的时候，可以直接引用 Power BI 制作好的可视化图表，如图 1-15 所示，在 Power Point 的"插入"选项卡中单击"获取加载项"按钮，在"我的加载项"中选择"Power BI Tiles"，选择已发布的图表即可。这样就可以在 PPT 里展示动态的图表了。

图 1-15

1.4 财务分析需要具备数据思维

所谓数据思维，在笔者看来不仅是对财务指标按照所学的各个公式进行分析，还需要应用统计学的知识，从数据分析的角度思考，从而拓展看待问题的角度。比如，要预测未来营销活动带来的业绩，可以利用目前已有的营销活动的收益情况，计算营销费用的投入产出比（ROI），然后根据未来的优惠券投放计划推算业绩。计算公式如下：

销售额 = 优惠券金额 × ROI

如图 1-16 所示，当财务分析师用成交额来衡量产出的时候，不同渠道的 ROI 因受到客单价的影响而有所不同。选择销售额和优惠券金额来计算 ROI，会发现不同月份间 ROI 的波动很大，这是由于各渠道占比变化带来的波动引起的。同样，如果假设 ROI 数据不变，通过投入优惠券金额预估未来的销售额，就会产生很大的误差。

如图 1-17 所示，选择销售额和优惠券金额进行回归测试，P-value=0.04<0.05，说明各组的方差在 α=0.05 水平上具有显著性差异，二者具有强相关性。另外，拟合程度约为 77.6%，说明还有其他因素影响了销售额，比如投放渠道、季节因素、售价的调节等。

	销售额（万元）	优惠券金额（万元）	ROI
1 月	7,643.95	164.77	46.39
2 月	4,150.95	14.49	286.47
3 月	7,322.46	107.28	68.26
4 月	7,368.17	46.13	159.73
5 月	7,408.73	64.95	114.07
6 月	15,127.94	220.16	68.71
7 月	6,819.45	152.84	44.62

图 1-16

SUMMARY OUTPUT

回归统计	
Multiple R	0.776172
R Square	0.602443
Adjusted R Square	0.522932
标准误差	2331.181
观测值	7

方差分析

	df	SS	MS	F	ignificance F
回归分析	1	41175452	41175452	7.576811	0.040186
残差	5	27172020	5434404		
总计	6	68347472			

	Coefficients	标准误差	t Stat	P-value	Lower 95%	Upper 95%	下限 95.0%	上限 95.0%
Intercept	4041.195	1679.645	2.405982	0.061167	-276.469	8358.859	-276.469	8358.859
X Variable 1	35.7547	12.98942	2.752601	0.040186	2.364321	69.14507	2.364321	69.14507

图 1-17

这里增加了一个系数——"渠道系数"，如图 1-18 所示。"渠道系数"是指主要渠道的比重，假设主要投放渠道有两个且 ROI 不同，每个月投放到这两个渠道的比例不同会导致 ROI 波动，这个渠道系数就是指投放到这两个渠道的优惠券比重因子。回归显示拟合程度约为 79.2%，拟合程度较之前更高。此时的计算公式如下：

销售额 = 优惠券金额 × ROI + 渠道系数

如果还有其他相关因子，公式也可以继续调整，而且实际工作中的指标除了线性关系，还会出现指数、对数函数等关系，相关内容在第 4 章会继续介绍。

	销售额（万元）	优惠券金额(万元）	渠道系数
1 月	7,643.95	164.77	0.8
2 月	4,150.95	14.49	0.9
3 月	7,322.46	107.28	0.6
4 月	7,368.17	46.13	0.7
5 月	7,408.73	64.95	0.6
6 月	15,127.94	220.16	0.9
7 月	6,819.45	152.84	0.7

回归统计	
Multiple R	0.79248
R Square	0.628024
Adjusted R Sq|	0.442036
标准误差	2521.091
观测值	7

图 1-18

从上述案例中可知，如果仅仅考虑 ROI 的数据，那么我们会发现预估的销售额误差会非常大，似乎规律难寻，但是从统计学视角来看，通过寻找相关因变量，例如渠道系数，可以使函数关系的拟合程度越来越高。

当我们进入一个信息爆炸的时代后，面对的问题不再是信息不流通、通信受阻，而是如何在大量的数据中快速选取对我们有用的数据。由于数据中包含繁多复杂的信息，财务分析师在处理大量数据时，很难直观地看到数据中的规律，正所谓"不识庐山真面目，只缘身在此山中"。而利用统计学思维可以辅助财务分析师思考如何选择数据，如何使用、分析并展示数据，提升职场的核心竞争力。

　　小黑在新的工作岗位上做了有一段时间了，他开始对接公司的电商事业部业务。平时的工作里，事业部负责人方总也会给他提一些数据分析的需求。比如，事业部如果想发展新的业务或者对业务进行策略调整，方总会让小黑帮忙搭建一个财务模型，从利润出发，判断新业务的风险点，或者测算新的价格策略的盈利情况。搭建模型有助于财务人员介入事业部的经营，了解业务变化，控制财务风险，确保业务持续、健康地经营下去，最终达成预算目标。

　　一天，方总找到小黑说："小黑，我们现有的业务里刚推出了一个'开学购新机'的活动，那个活动大体的规则是，如果用户在我们的网站购买一台指定型号的手机，那么我们会给予不同力度的补贴。有些机型跟厂商谈优惠力度的时候比较大，会使得某些机型在毛利或者贡献利润层面是亏损的，需要你帮我测算一下亏损情况。"

　　小黑确认了需求之后开始做测算，在这个过程中，他发现这几天业务部门监控的各机型销售数据中有几款产品的毛利率特别低，很有可能是受到这个活动的影响。于是，他按照补贴机型拆分了一下毛利数据和贡献利润数据，并且本着谨慎性的原则，将亏损部分的数据进行了汇总，发现亏损了12万元之多。为了促使业务部门注意亏损，达成预算，他特意将亏损的机型单独拿出来讲述。

　　他把结论给到了方总，然后说："在我们补贴力度大的机型上亏损了12万元之多，这会影响最后预算的达成。"但是，方总觉得这个结论不正确，便说道："不能只看亏损部分，还要看整体，我们只要确保整个活动不亏钱，那么后续就是可以继续做的。这个活动本身就不是赚取利润的，而是通过获得更多的用户订单来拉升我们的 GMV[1]。"

小黑把自己做的涉及所有补贴机型的数据展示了出来并说道："那么，补贴的机型一共是亏损差不多 5 万元。"

方总觉得还是有些问题，于是说："这里的数据可能还不全，还有一部分机型是没有补贴但是也成交的，这些产品你是不是没有考虑？"

小黑点点头。

方总说："如果用户是看到这个活动后来购买我们的机器的话，即便最后选择了一个没有补贴的机器，那么这个也应算到我们的活动效果中吧。"

小黑说："方总，这点是我之前没有考虑到的。不过，用户下单的原因不太好区分，即使用户看到活动页面后再下单，也不能说明一定受到了这个活动的刺激。也有可能是他之前知道我们公司，现在就想来买一台手机，又正好看到了活动页面而已。"

方总说："是的，你说的这点我认同，我们的数据分析团队应该在网站上做了数据埋点，他们可以推算出用户的行为原因，你跟他们沟通一下，看能否将符合我说的情况对应的订单抓取出来，然后做测算。"

小黑只能又去跟数据分析团队沟通……

在本案例中，小黑在沟通中遇到了一些问题。一开始，他只是从预算控制的角度，却没有从活动的目的出发，因此给业务部门的分析结果并不是他们真正想要的。后来，小黑又发现自

1　Gross Merchandise Volume，即一段时间内的成交总额。

己没有考虑到"全部订单"的情况，只能重新去沟通，又花费了很多时间。其实，给业务部门做测算时，不仅要了解相关的财务数据，更要理解业务实质。只有真正理解这个活动为什么产生、活动效果如何衡量，才能让做的财务模型更加贴近业务。而要理解活动本身，最重要的一点还是在沟通上，充分理解业务部门的需求和目的。在本案例中，小黑只考虑了预算控制，却没有考虑方总的真实需求，导致最后的测算结果不尽如人意。

下面我们将会介绍如何从技术上处理和分析数据，以及在实操中如何提高"沟通"技能等。

2.1　财务模型的分析思路

作为财务分析师，损益预测是日常工作的重要一项，涉及到不同的业务，需要搭建不同的财务模型，每个模型的考虑重点也有所差异。按照业务的发展阶段来分，主要可以分为初创期业务、成长期业务和成熟期业务。

1. 初创期财务模型

初创期业务类似于初创企业，最开始可能都是亏损的，但是财务分析师要思考三个问题：

- 最大亏损是多少？

- 何时能达到盈亏平衡？

- 公司是否能承受这些亏损？

带着这三个问题，我们来看数码产品市场的一个案例。A 公司是数码产品的电商企业，主要从事手机数码产品的线上销售业务，该业务创建于 2018 年 Q3，由于该业务处于初创阶段，加上要面临激烈的竞争环境，因此，为了保证增长规模，需要花费高额补贴吸引用户，图 2-1

是其财务模型。这样企业将会面临巨大的亏损。

项目（单位：元）	2018Q3	2018Q4	2019Q1
客单价	2,570	2,640	2,698
订单量	7,559	6,623	5,184
收入	19,427,400	17,484,660	13,987,728
成本	18,294,048	16,281,703	12,699,728
毛利	1,133,352	1,202,957	1,288,000
毛利率	5.8%	6.9%	9.2%
费用	2,070,889	1,996,845	1,915,267
人工	1,080,000	1,080,000	1,080,000
房租物业水电	330,000	330,000	330,000
装修折旧	157,500	157,500	157,500
获客费用	300,000	240,000	180,000
物流费	113,389	99,345	77,767
其他	90,000	90,000	90,000
利润	−937,537	−793,887	−627,267
利润率	−4.83%	−4.54%	−4.48%

图 2−1

（1）亏损的最大边界和盈亏平衡点

从图 2-1 可以看到，从 2018 年 Q3 到 2019 年 Q1，利润亏损正在逐步缩小，是公司的经营状况在改善吗？事实并非如此，由于 Q3 和 Q4 属于旺季，有"双十一"和"双十二"等购物节，电商会加大促销力度，业绩提升到全年的峰值，但是毛利率相较于其他季度却是下降的，所以这两个季度的亏损往往也是全年最高的。2019 年 Q1 比 2018 年 Q3、Q4 的业绩下降了，但是毛利率提高了，这是因为市场进入淡季之后，企业业绩回落，为了控制利润，企业减少了市场费用投入。去除季节的影响，整体亏损并没有收窄。

企业虽然目前正处于亏损阶段，但最终目的还是寻求盈利，这是公司领导人和投资人的共同愿景和目标。所以，即便企业在经历亏损，哪怕亏损正在扩大，也需要在某一时点开始将亏损收窄，直至盈利。作为财务分析师，我们需要基于现状和未来的收入成本结构，测算企业在何时到达最大亏损边界，并以此为目标，监控企业朝着正确的方向前进。

案例中，A 企业的毛利率基本在 10% 之内，这个毛利率会随着销售机型和销售补贴的影响有些许波动，但影响不大。未来能提高毛利空间的方式一般只有提高订单量，实现路径包括拓展销售渠道（接受更多流量）、丰富产品类型（满足差异化需求）。根据金额大小划分，在费用项中，主要就是人力成本、房租费用和获客费用，前两者相对固定，不会随着订单量的提高而提高，而获客费用可近似看成线性费用。

人力成本可优化的方向主要是改善组织结构、精简人员，提升效率。人员配置要根据企业的组织结构和发展阶段合理规划，前端业务人员直接产生业绩，后端支持部门（比如人事、财务、行政、产研也是公司的基础设施）在发展过程中也必不可少。房租费用可以租赁更加便宜的地段，或者在精简人员之后适当缩小租赁面积。获客费用在 2019 年 Q1 为每单 35 元，未来当企业规模扩大之后，预计产生规模效应，单均获客成本会逐步降低。

假设未来一年的平均毛利率控制在 6.5%，订单量季度环比增长约 15%。由于消费水平提高，高端手机受到客户青睐，客单价会上涨到每单 2800 元。线性费用中，已经形成一定数量的消费群体，拉新用户会通过已有客户带动，获客费用后续会下降到 10 元 / 单。物流费由于订单量上涨，对物流供应商的议价权提高，每单可以降至 8 元。盈亏平衡点的订单量计算公式为：

$$Q=F/(P-V)$$

其中，P 为售价，V 为变动成本，F 为固定成本。

2020 年 Q1 盈亏平衡点的销量为 9010 台，如图 2-2 所示。接下来就需要企业思考如何在控制费用的情况下提高销量，尽快收缩亏损，实现盈亏平衡。

项目（单位：元）	2019Q1	2019Q2 预测	2019Q3 预测	2019Q4 预测	2020Q1 盈亏平衡点
客单价	2,698	2,800	2,800	2,800	2,800
订单量	5,184	5,962	6,856	7,885	9,010
收入	13,987,728	16,694,027	19,198,131	22,077,850	25,228,000
成本	12,699,728	15,608,915	17,950,252	20,642,790	23,588,180
毛利	1,288,000	1,085,112	1,247,878	1,435,060	1,639,820
毛利率	9.2%	6.5%	6.5%	6.5%	6.5%
费用	1,915,267	1,719,819	1,690,917	1,664,429	1,639,680
人工	1,080,000	1,035,000	990,000	945,000	900,000
房租物业水电	330,000	330,000	330,000	330,000	330,000
装修折旧	157,500	157,500	157,500	157,500	157,500
获客费用	180,000	59,622	68,565	78,849	90,100
物流费	77,767	47,697	54,852	63,080	72,080
其他	90,000	90,000	90,000	90,000	90,000
利润	−627,267	−634,707	−443,038	−229,369	140
利润率	−4.48%	−3.80%	−2.31%	−1.04%	0.00%

图 2-2

（2）公司是否能接受如此大的亏损

如果说企业通过拓展销售渠道，若未来一年内可以实现盈亏平衡，依据上述盈亏平衡点假设，如图 2-2 所示，从 2019 年 Q2 至 2020 年 Q1 利润之和为 −1 306 974 元。如图 2-1 和图 2-2 所示，从 2018 年 Q3 至 2020 年 Q1 利润之和为 −3 665 665 元。

财务上有一个很神奇但容易被忽略的名词叫"现金流"。它的神奇之处在于它能揭示利润表"假象"下面的真实情况。当谈到"所需多少资金"时，需要考虑的是账面上的现金、银行存款等"真金白银"的资产，因为各项投入都需要直接付款，这就要求企业从现金流的角度出发，拿出足够的资金支持自身的投入。而利润表反映的是利润情况，收入未必是收到的现金，还有可能是应收账款，费用也不是全部都落入到当期，而是在相应期间内进行分摊，所以财务报表中的利润金额并不是账面资金。如图 2-3 所示，从 2018 年 Q3 至 2020 年 Q1 净现金流量之和为 -4 495 466 元资金缺口大于同期利润表的亏损规模，因为有些投资不是随着经营逐步发生的。比如固定资产投入，往往在企业开始经营之前就要提前投入，而利润表中往往是在使用期间内分摊。另外，物料采购可能会预付账款，而后物料才入库。

现金流量表简表	2018Q3	2018Q4	2019Q1	2019Q2 预测	2019Q3 预测	2019Q4 预测	2020Q1 盈亏平衡点
经营活动现金流量							
利润	-937,537	-793,887	-627,267	-634,707	-443,038	-229,369	140
+ 装修折旧	157,500	157,500	157,500	157,500	157,500	157,500	157,500
− 经营性预付项目增加	-4,840,144	906,758	503,993	-497,607	-261,800	-523,600	-261,800
− 经营性应收项目增加	-3,885,480	388,548	699,386	-541,260	-500,821	-575,944	-630,030
经营活动产生的现金流量净额	-9,505,661	658,919	733,612	-1,516,074	-1,048,159	-1,171,413	-734,190
投资活动现金流量							
− 装修费用	-900,000						
− 固定资产	-900,000						
投资活动现金流量净额	-1,800,000						
筹资活动现金流量							
+ 投资人资金投入	10,000,000						
+ 流动资金借款	3,000,000	2,000,000					
− 偿还借款本金		-1,000,000	-2,000,000	-2,000,000			
− 偿还利息		-37,500	-50,000	-25,000			
筹资活动现金流量净额	13,000,000	962,500	-2,050,000	-2,025,000	−	−	−
净现金流量	1,694,339	1,621,419	-1,316,388	-3,541,074	-1,048,159	-1,171,413	-734,190
期初现金及现金等价物余额	−	1,694,339	3,315,757	1,999,369	-1,541,705	-2,589,863	-3,761,276
期末现金及现金等价物余额	1,694,339	3,315,757	1,999,369	-1,541,705	-2,589,863	-3,761,276	-4,495,466

（注：图中数字的单位为元）

图 2-3

假设采购费用中有 20% 的资金是预付账款，账期为一个月，收入中有 20% 的资金是应收账款，账期也是 1 个月。即使投资人投入 10 000 000 元，并且流动资金借款 5 000 000 元，对于企业来说仍是杯水车薪。2018 年 Q3 至 2020 年 Q1 的资金缺口为 -4 495 466 元。这是由于投资活动中固定资产和装修费用都是从初始节点投入的。另外，预付项目和应收项目的存在使得资金回笼延期，而且业务处于初创阶段，这种资金缺口会随着规模的扩大进一步体现出来。

所以，公司是否能承受如此大的亏损呢？这个问题并不是问利润表中反映的亏损，而是现金流量表显示的资金缺口。

2. 成长期财务模型

从初创期发展到成长期，在保证规模增长的同时，管理层需要思考如何实现商业闭环。无论是企业管理者还是投资人，都想知道在企业所在的行业赛道中如何进行收费或者抬高收费，从而让企业可以持续"造血"，产生利润，不断发展。一般而言，刚刚起步的企业，尤其是互联网企业，为了获得种子用户，会免费让大家使用产品，甚至倒贴钱刺激消费者使用产品，"烧钱"是很多互联网公司的必经之路。比如，2014 年滴滴和快滴的"补贴大战"，二者为了抢占市场，培养用户在线叫车的使用习惯，进行疯狂补贴。那段时间，出租车司机赚的盆满钵满，而消费者非常开心能够免费打车，一时间世界变得如此美好。而当滴滴和快滴合并之后，滴滴没有竞争对手了，从此滴滴的补贴力度逐步下降，对滴滴司机的收佣比例又在逐步提高。可以看出，滴滴在"烧钱圈地"之后，逐步提高盈利水平，以求更持续的发展模式。当企业在市场站稳脚跟、获得相当高的市场份额之后，思考的重点就需要从扩大规模，逐步转向如何获利。

结合成长期的业务特点，财务分析师同样需要思考以下三个问题：

- 如何形成业务闭环？

- 具体的落地方案是否能真正做到业务闭环？

- 规模和利润应当如何平衡？

第一个问题是目前的业务模式可以通过什么方式获得盈利？一般来讲，前期培养用户习惯，当用户愿意经常到企业的门店或者网站之后，按照消费服务或商品对其收费，都是常规的套路。滴滴的闭环模式就是减少补贴的同时，向车主收佣。据滴滴对外公布的信息显示，2018 年 Q4 滴滴在国内收取的平台服务费率平均为 19%。

第二个问题是企业是否真的能收到钱？从免费到收费，这中间肯定会流失一部分用户。当消费者对价格非常敏感、产品用户黏性不强时，就会发生客户流失，这样企业便无法获利。丰巢公司在 2020 年 4 月 30 日开始正式收费，该消息一经发布，立刻在网上引起争议。很多快递员在送快递时考虑到送快递的效率，会直接放到丰巢快递柜。但是超过一定时限没有取件，丰巢公司会收取一定的滞留费用。舆论争议的焦点在于这是否涉及"二次收费"，如果是未经用户同意，就将快递放到丰巢，这就相当于快递没有直接送到用户手上，而是转交给了丰巢，而丰巢再收取一道费用，整个过程涉嫌违规违法。

在收取费用时，丰巢公司显然是遇到了很多障碍，一方面来源于法律要求，丰巢公司需要跟用户特别强调是否同意相应的收费规则，如果用户不同意收费，则不能强制征收；另一方面，消费者也无法接受额外支付快递费，相比于用户自己去丰巢公司拿快递，用户更愿意让快递员直接放到门口或者是小区门卫处，所以消费者的黏性不强。企业在思考业务闭环的落地方案时，应慎重考虑方案的可行性。

上述示例中的收费是否涉嫌违法这里不做展开，下面仅从行为经济学和财务数字角度进行讨论。考虑到用户的接受度，丰巢公司是否可以从不收费先过渡到收费并返还，然后逐步降低返还的比例呢？相当于由免费变更为收费 10 元，但是立即返还给用户，然后变更为收费 10 元。行为经济学上有个理论叫作"心理账户"，就是说人们在心中对于不同账户里的钱感知是不同的。正常情况下，理性人对待每一分钱的态度是一样的，但是由于心理账户的存在，我们无形之中把不同账户的钱区别开来，从而产生了不同的决策态度。举个例子，如果你打算今天晚上去看一场演唱会，票价为 500 元，而此时你丢了价值 500 元的背包，你是否还会买票去看这场演唱会呢？我想应该是会的。那如果你丢的是价值 500 元的门票呢？你还会再买一张门票去看吗？可能大部分人不会。从损失的物品价值上看，都是 500 元的东西，但是由于心理账户的存在，背包和门票被划分在不同的账户里，背包的损失与门票不相关。所以背包丢失不影响去看演唱会的决策。而门票丢失了，则需要再购买一张才能去看，这两件事被放在一个账户里去看待，这样看演唱会的成本就从 500 元变为了 1000 元。门票或者背包丢失之后，就已经成为沉没成本了，在考虑决策时不应该考虑其影响。而企业在投放免费产品之后，使用收费且全部返还的方式，用户在感知上将费用和补贴放入同一个心理账户，这样成本仍然为零，但是在实际使用商品时，有个付款的行为产生。久而久之，付费的行为成为习惯之后，减少补贴，就不再是那么不易被接受了。如果把免费到收费比作从零到一，那么补贴逐渐减少则是从一到二。前者是质变，后者是量变。虽然绝对值变化都是一，但是增长率看，前者是无穷大，另一个只有一倍，给消费者的感受是不同的。

第三个问题是规模和利润如何平衡？就是思考如何制定收费之后的业务节奏，包括在扩大规模的同时如何控制亏损，并在收费之后按照什么节奏收窄亏损，最终在什么时间点开始盈利。如图 2-4 所示，我们模拟了一家快递柜企业的财务模型，数据均为虚构。

目前实际			边际贡献			
项目	2020年3月	率	向用户收费		向快递员收费	
订单量（件）	50,000					
客单价（元）	20					
GMV（元）	1,000,000					
收费	-		2.5%	每单0.5元	4.5%	每单0.9元
税费			0.2%	增值税	0.3%	增值税
费用（元）	63,000	6.3%				
人工	30,000	3.0%				
租金	20,000	2.0%				
折旧	3,000	0.3%				
水电费	5,000	0.5%				
维护费	5,000	0.5%				
利润（元）	-63,000	-6.3%	2.4%		4.2%	

图 2-4

图 2-4 左侧是目前的实际情况，一个点位产生的月 GMV 是 1 000 000 元，也就是说，这一个快递柜一个月放置价值 1 000 000 元的快递。目前未进行收费，同时考虑的费用有广告、

人工、场地租金、机器折旧、电费，以及维护费。其中大部分费用都是固定费用，不会随着订单量的增长而线性增长。目前的利润率为 −6.3%，亏损率非常高。右侧假设了管理层设计的两项收费，如果向用户收取每单 0.5 元的服务费，利润率可以提升 2.4%，整体利润率将提升至 −6.3%+2.4%=−3.9%，但仍无法实现盈亏平衡。如果在向用户收费的同时也向快递员收费，比如平均每单收取 0.9 元，那么利润率又可以提升 4.2%，扭亏为盈。

考虑到收费之后，会有一定的用户流失，大概率会使 GMV 下降，所以在收费的第一阶段可以向用户收费的同时进行补贴，将所收的费用以红包等形式返还给用户，那么真实收费率只有 4.2%。

后续需要根据市场反馈情况，制定下一步收费计划。测算的财务模型如图 2-4 所示，仅仅是从数据角度推算收费后可以达到的盈亏平衡点，至于市场和消费者对收费有何反应，则要在业务得到小范围 "试水" 之后才能有实际数据。在获取实际的数据之后，财务模型要根据实际数据进行更新。

3. 成熟期财务模型

一般而言，能存活到成熟期的业务已经在盈利模式上 "跑" 通了，不需要重新搭建财务模型，可以在现有的利润模型中进行优化。已经盈利的模式后续则主要思考如何实现利润最大化。

在波士顿矩阵中，有一类业务叫 "现金牛" 业务，指的是相对市场占有率高、增长率低的业务。处于成熟期的业务大多符合现金牛的特点。针对现金牛业务的应对策略为 "收获策略"，限制投入，最大化地获得利润。利润的来源无非就是 "开源" 和 "节流"。对于成熟型业务，开源的难度更高。因为市场的供给和需求趋于稳定，盲目地提高收费会破坏市场平衡，使消费者转化到竞争者或者替代品那里去。除非自身的产品仍旧能转型升级，满足更多、更新的市场需求，那么可以考虑提高收费。相比之下，节省费用更容易一些。还是以图 2-4 模拟的快递柜企业为例，由于进入到成熟期后，大部分消费者已经了解整个市场和主要商家，那么此时再投广告，能够触达的新用户就会非常少，广告费用的投入回报率比成长期低，而且自然流量带来的订单已经非常大，所以广告费用可以减少或者停止投入。另外，由于模式已经非常成熟、员工的学习曲线基本达到峰值，培训体系完善，应当充分提高人员使用效率，节省人力成本。与此同时，随着设备的使用时间加长，设备就会老化，为保证用户体验良好，需要定期对其进行检修，这必然也会导致维护费的上升。如果租金也有上涨的趋势，则可以考虑更换到租金更便宜的地方。

在"收获战略"下，尽可能获得更多的利润是成熟期业务的基本诉求。财务分析师应该从这个角度出发，避免业务部门花费不必要的费用，降低经营风险和试错成本。

2.2 Power Query：强大的财务数据整合工具

针对前面介绍的财务模型，接下来将会讲述如何用 Power BI 进行建模。在此之前，首先会介绍 Power BI 主要的功能模块。像艺术家完成一幅画一样，在创作作品之前，需要对画笔和颜料等工具进行认识和了解，这样才能在应用的时候更加得心应手。

下面介绍第一个工具 Power Query。Power Query 是 Power BI 的数据查询模块，利用它可以对数据表进行清洗和整合。在日常财务工作中使用 Excel 建模的时候，假如所使用的表有很多不规则的地方，那么在使用的第一步就是要将表格的数据进行整理、筛选，让表格更加规范，获得初步的列值，这样有助于后续进行数据透视或者使用 VLOOKUP 函数进行单元格操作等。在使用 Power BI 的时候，同样要在第一步对数据进行清理，而 Power Query 可以非常高效地实现。下面笔者将以自己在实际工作中的经验为例对 Power Query 可以实现的主要功能和在财务工作中的应用进行介绍。

1. 多文件合并

每个月月初，财务工作者通常会编制各类财务报表，例如，会计人员需要编制上月实际的财务报表，财务分析师需要编制上月的管理用财务报表。笔者编制管理用财务报表的第一步，一般是导出公司数据系统里整月的出库报表，但是每月的出库记录高达上百万行，文件太大，为了保证速度，每周结束会把当周的报表导出来，这样在次月初的时候就可以把所有的表汇总到一起，然后进行编制，如图 2-5 所示。如果手动复制 / 粘贴会很烦琐，而且数据一多，Excel 的运行效率就会明显下降。

名称 ^	修改日期	类型
出库原始数据0301-0307	2019/10/4 15:44	Microsoft Excel
出库原始数据0308-0314	2019/10/4 15:45	Microsoft Excel
出库原始数据0315-0321	2019/10/4 15:46	Microsoft Excel
出库原始数据0322-0328	2019/10/4 15:48	Microsoft Excel
出库原始数据0329-0331	2019/10/4 15:49	Microsoft Excel

图 2-5

使用 Power Query 编辑器会更加便捷。首先，在 Power BI 的导航栏主页中单击"转换数据"按钮，如图 2-6 所示，进入 Power Query 编辑查询器中。在图 2-6 的导航栏主页的最左侧选择"获取数据"→"文件夹"；也可以选择"新建源"→"文件夹"，如图 2-7 所示。

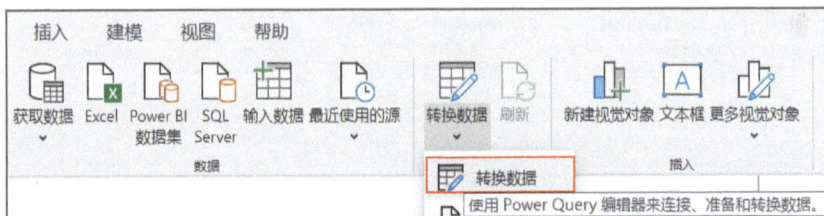

图 2-6

选择文件夹路径后单击"确定"按钮，之后能看到文件夹下的所有表，单击"合并并转换数据"按钮，就可以将所有的文件进行合并，如图 2-8 所示。

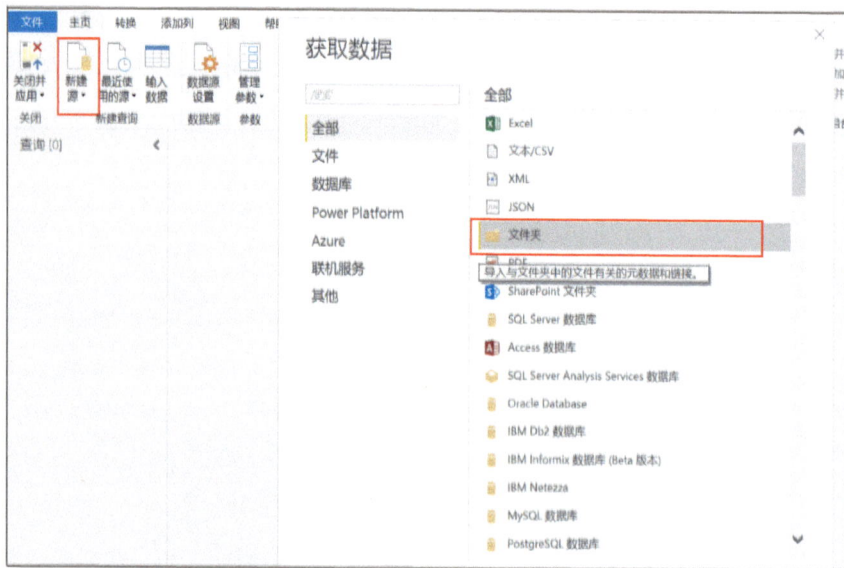

图 2-7

图 2-8

以上操作需要注意两点，一是文件的格式要保持一致，二是合并文件一定要在同一文件夹下面。如果不一致，那就选择不同文件夹对应的母文件夹，但不同文件夹要求在共同的母文件夹之下。比如，4 月份结束后如果我们想对 3 月和 4 月的数据进行处理，那就需要对两个文件夹下面的表格进行合并，如图 2-9 所示，可以进行以下操作。

名称	修改日期	类型
📁 3月出库报表	2019/10/4 16:10	文件夹
📁 4月出库报表	2019/10/4 16:58	文件夹

图 2-9

选择两个文件夹的母文件夹地址，后续步骤和前面是一样的，如图 2-8 所示，单击"合并并转换数据"按钮，就可以把文件夹下面的所有报表进行合并。

前面提到，同一文件夹或者同一母文件夹下所有文件的格式要保持一致。如果有不一致的情况，那么可以单击"转换数据"按钮进行转换，如图 2-10 所示。

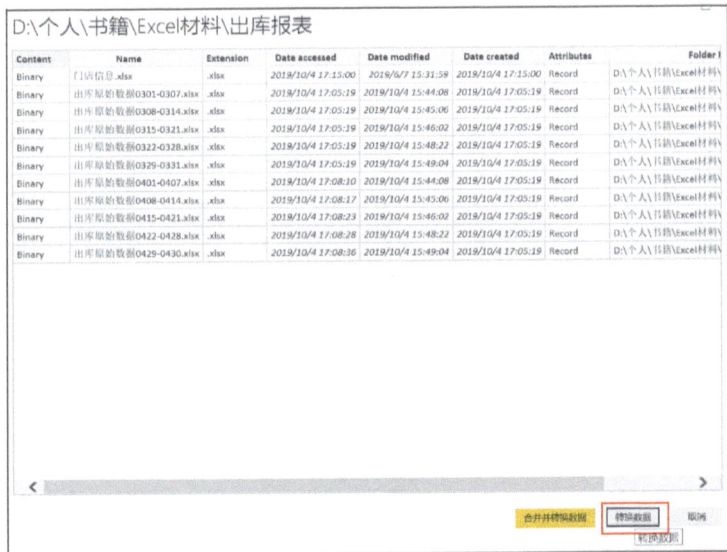

图 2-10

在图 2-11 中的列表信息中，选择"Name"一列的下拉框，将"门店信息"一行取消勾选，如图 2-12 所示。

	Content	Name	Extension	Date accessed	Date modified	Date created
1	Binary	门店信息.xlsx	.xlsx	2019/10/4 17:15:00	2019/6/7 15:31:59	2019/10/4 17:15:00
2	Binary	出库原始数据0301-0307.xlsx	.xlsx	2019/10/4 17:05:19	2019/6/4 15:44:08	2019/10/4 17:05:19
3	Binary	出库原始数据0308-0314.xlsx	.xlsx	2019/10/4 17:05:19	2019/6/4 15:45:06	2019/10/4 17:05:19
4	Binary	出库原始数据0315-0321.xlsx	.xlsx	2019/10/4 17:05:19	2019/6/4 15:46:02	2019/10/4 17:05:19
5	Binary	出库原始数据0322-0328.xlsx	.xlsx	2019/10/4 17:05:19	2019/6/4 15:48:22	2019/10/4 17:05:19
6	Binary	出库原始数据0329-0331.xlsx	.xlsx	2019/10/4 17:05:19	2019/6/4 15:49:04	2019/10/4 17:05:19
7	Binary	出库原始数据0401-0407.xlsx	.xlsx	2019/10/4 17:08:10	2019/6/4 15:45:06	2019/10/4 17:05:19
8	Binary	出库原始数据0408-0414.xlsx	.xlsx	2019/10/4 17:08:17	2019/6/4 15:45:06	2019/10/4 17:05:19
9	Binary	出库原始数据0415-0421.xlsx	.xlsx	2019/10/4 17:08:23	2019/6/4 15:46:02	2019/10/4 17:05:19
10	Binary	出库原始数据0422-0428.xlsx	.xlsx	2019/10/4 17:08:28	2019/6/4 15:48:22	2019/10/4 17:05:19
11	Binary	出库原始数据0429-0430.xlsx	.xlsx	2019/10/4 17:08:36	2019/6/4 15:49:04	2019/10/4 17:05:19

图 2-11

图 2-12

然后，单击"Content"列的右边合并文件按钮，就可以进行合并了，如图 2-13 所示。

图 2-13

2. 将第一行用作标题

有别于 Excel，Power BI 的数据表格中有专门的标题行，方便操作者在处理数据时保持标题的唯一性，这样在报表间进行列的引用时可以清晰地找到所需列。而在导入数据后，有时候会看到图 2-14 展示的情况，原本的标题列没有被识别出来，却处于内容的第一行中，这就需要调整第一行的位置了。

图 2-14

Power Query 编辑器导航栏中的"主页"选项卡有"将第一行用作标题"选项，选择之后，图 2-14 中的第一行内容就会上移一行变为标题。如图 2-15 所示，单击"将第一行用作标题"旁边的下拉箭头，选择"将标题作为第一行"选项，那么标题行就会下移一行。这个方法适用于缺少标题的文件，我们可以手动将标题进行补充。

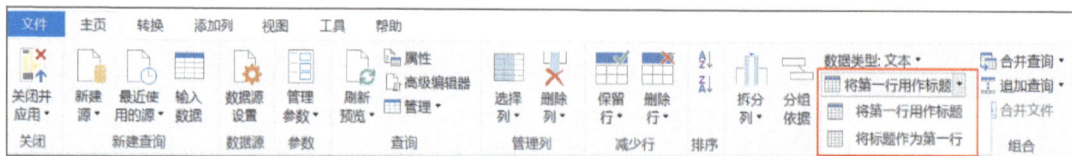

图 2-15

3. 条件列

条件列相当于 Excel 中使用的 IF 函数，它可以替代 VLOOKUP 函数的功能，如图 2-16 所示。单击"条件列"按钮之后会新建一列，列中的单元格数值会根据设置的条件进行填充。

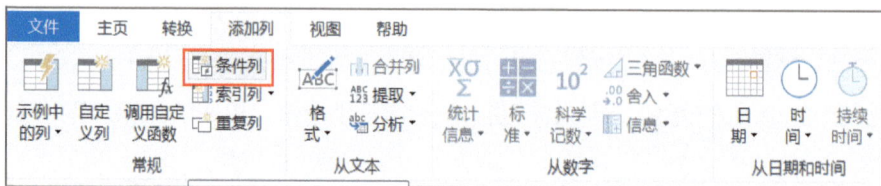

图 2-16

如图 2-17 所示，当要进行一定条件的筛选时，单击"条件列"按钮，设置条件值。条件值可以是某个数值或者是某一列的内容，而输出值也可以是数值或者某一列的内容。比如，要对订单来源进行归类，订单来源是"官网"和"门店"的，其名称不变，因此，输出"订单来源"列的值；订单来源为"其他"，输出"其他"列的值，单击"确定"按钮可获得相应的条件列。

4. 索引列和重复列

如图 2-18 所示，"索引列"就是新增一列从 0 开始或者从 1 开始的递增列。"重复列"就是复制现有的一列，目的是在新建的列上进行修改，从而不影响原有列。

图 2-17

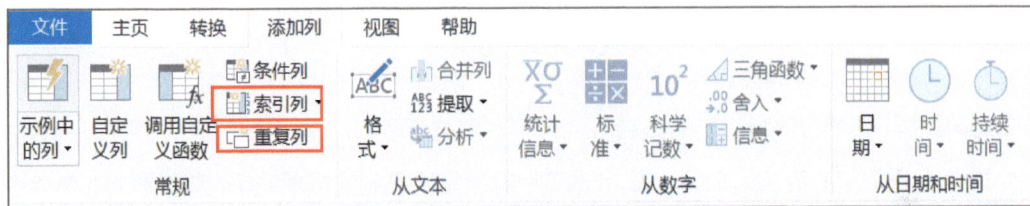

图 2-18

5. 逆透视

　　"逆透视"顾名思义就是将数据透视表逆向。数据透视表本身的功能就是将数据进行汇总，形成一张二维表，如图 2-19 所示，反映了商品每天的销量数据。所谓"二维表"，就是数值对应的列标题和行标题都为限制条件的表。比如 C5 单元格的值为"9"，它意味着 2019 年 3 月 1 日廊坊市的平板电脑销量为 9 台，限制条件有列标题对应的"2019 ／ 3 ／ 1"和第五行前两个单元格对应的"平板电脑""廊坊市"。

▲	A	B	C	D	E	F
1	商品品类	城市	2019/3/1	2019/3/2	2019/3/3	2019/3/4
2	手机	北京市	7	9	7	3
3	平板电脑	北京市	8	1	2	7
4	平板电脑	柳州市	9	1	2	3
5	平板电脑	廊坊市	9	4	2	7
6	平板电脑	西安市	3	3	9	9
7	手机	武汉市	4	7	6	5
8	手机	包头市	6	2	10	3
9	手机	南京市	6	0	0	0
10	手机	梧州市	2	8	4	4
11	手机	安庆市	2	2	2	5
12	手机	大连市	7	8	10	6
13	手机	长沙市	3	0	0	0
14	手机	哈尔滨市	8	7	6	8
15	手机	沈阳市	9	3	0	6
16	手机	成都市	2	7	10	1
17	手机	佛山市	9	8	5	7
18	手机	西安市	8	6	5	4

（注：图中数字的单位为台）

图 2-19

二维表由于列和行都有一定的限制条件，不容易进行取数。假如财务分析师要做一份北京市 2019 年 3 月上旬的手机销售统计表，而图 2-19 就是所拿到的数据表格，需要筛选的条件是：

行条件：城市 = "北京市"，商品品类 = "手机"

列条件：选择 3 月 1 号到 3 月 15 号列数据并加总

在筛选的时候无法直接按照行条件进行筛选，还要添加符合的列，这就非常麻烦。所以，需要对这类表格的格式进行调整，可以利用 Power Query 中的 "逆透视" 功能，先将二维表转化为一维表，然后按照要求进行筛选。所谓 "一维表"，就是限制条件只有行条件，比 "二维表" 的限制少一个维度。

首先选中 "商品品类" 和 "城市" 这两列，这两列是不需要逆透视的列。其次，在工具栏中选择 "逆透视列" → "逆透视其他列"，如图 2-20 所示。

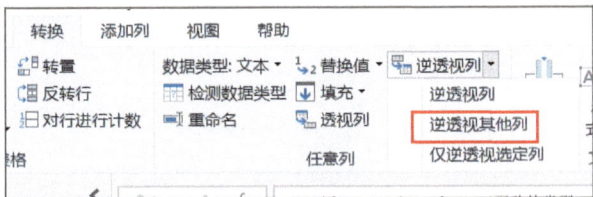

图 2-20

选择"逆透视其他列"之后，结果如图 2-21 所示，一维表的限制条件都集中在了左边三列，这样若要取得北京市 2019 年 3 月上旬的手机销售统计数据，就只需筛选左边三列。而且一维表的右侧列也可以再增加更多的度量值，比如价格、型号等。这种一维表是财务建模中经常需要用到的表格形式，其承载的数据信息是非常丰富且细致的。

ABC 商品品类	ABC 城市	ABC 日期	123 销量
手机	北京市	2019/3/1	9
手机	北京市	2019/3/2	2
手机	北京市	2019/3/3	8
手机	北京市	2019/3/4	1
平板电脑	北京市	2019/3/1	3
平板电脑	北京市	2019/3/2	1
平板电脑	北京市	2019/3/3	0
平板电脑	北京市	2019/3/4	3
平板电脑	柳州市	2019/3/1	7
平板电脑	柳州市	2019/3/2	1
平板电脑	柳州市	2019/3/3	3
平板电脑	柳州市	2019/3/4	6
平板电脑	廊坊市	2019/3/1	6
平板电脑	廊坊市	2019/3/2	1
平板电脑	廊坊市	2019/3/3	3
平板电脑	廊坊市	2019/3/4	5
平板电脑	西安市	2019/3/1	9
平板电脑	西安市	2019/3/2	4
平板电脑	西安市	2019/3/3	5

图 2-21

6. 追加查询和合并查询

追加查询是将相同结构的表拼接在一起，使表中的数据不断增加。追加查询不含匹配运算，就是单纯地将多张表进行拼接，运算速度较快。选择三月中前两张出库报表，导入 Power BI 中，如图 2-22 所示。

名称	修改日期	类型	大小
出库原始数据0301-0307	2019/10/4 15:44	Microsoft Excel 工...	9,511 KB
出库原始数据0308-0314	2019/10/4 15:45	Microsoft Excel 工...	9,527 KB
出库原始数据0315-0321	2019/10/4 15:46	Microsoft Excel 工...	8,825 KB
出库原始数据0322-0328	2019/10/4 15:48	Microsoft Excel 工...	10,560 KB
出库原始数据0329-0331	2019/10/4 15:49	Microsoft Excel 工...	4,431 KB

图 2-22

在"主页"选项卡中单击"获取数据"按钮，在"常用数据源"下拉框中选择"Excel"，将上述文件导入，如图 2-23 所示。

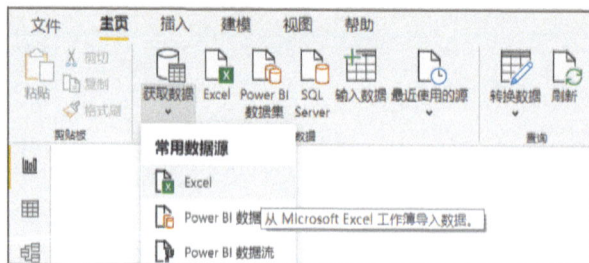

图 2-23

在数据导入之后，单击图 2-23 中"主页"选项卡的"转换数据"按钮，进入 Power Query 编辑器中。在"主页"选项卡中有"追加查询"功能，如图 2-24 所示。单击"追加查询"旁边的下拉箭头，可以看到有两个选项，一个是"追加查询"，指的是将查询结果呈现在现有表格中；另一个是"将查询追加为新查询"，指的是将查询结果呈现在新的表格中。

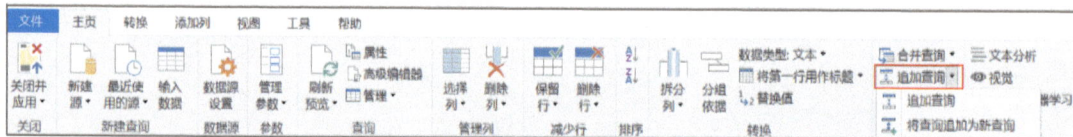

图 2-24

选择"追加查询",选择要追加的表"0308-0314",单击"确定"按钮,如图 2-25 所示。

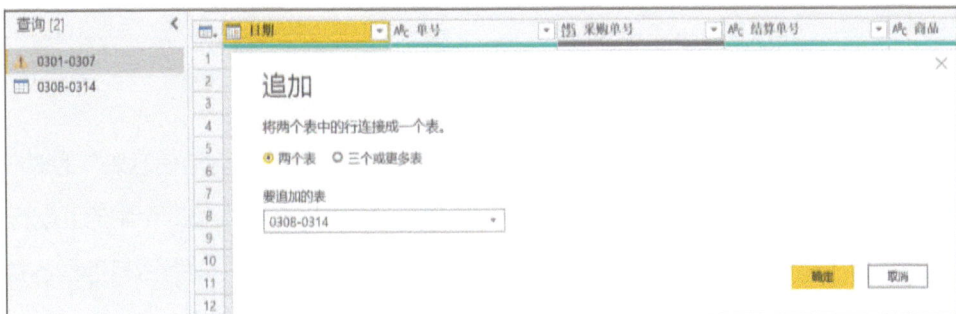

图 2-25

那么,在"0301-0307"这个表数据中便增加了"0308-0314"的内容。此功能适合将相同格式的表数据进行合并。

相比于追加查询,合并查询则是与 VLOOKUP 函数的功能一样,通过两张表的相同列进行匹配,从而使现有表获得新的列数据。

还是将"0301-0307"表和"0308-0314"表导入 Power BI,同时导入"门店信息表",如图 2-26 所示。"门店信息表"中包含门店、门店类型、城市、省份和店长等信息。目前"0301-0307"表中没有店长信息,但是有"门店"列。将"门店"列作为匹配列,匹配"0301-0307"表中对应门店的店长信息。

图 2-26

在"合并查询"的下拉菜单中,也有两个查询选择,如图 2-27 所示,选择"合并查询"。

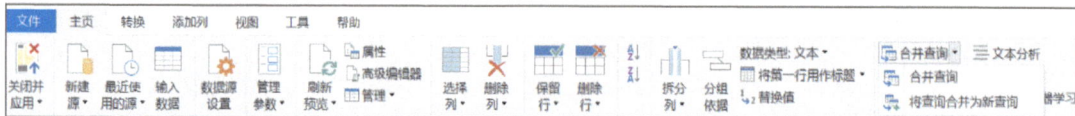

图 2-27

在弹出的"合并"对话框中选择"0301-0307"表的匹配列和"门店信息表"的对应列，如图 2-28 所示。在"联接种类"中选择"左外部（第一个中的所有行，第二个中的匹配行）"，也就是对"0301-0307"表的所有行进行查询，判断"门店信息表"中是否有匹配的数据，单击"确定"按钮。

图 2-28

匹配完成后，在"0301-0307"表的右侧会出现"门店信息表"的一列，选择想要保留的行，就可以在当前表中匹配出来，如图 2-29 所示。这里选择"店长"列，匹配完成。

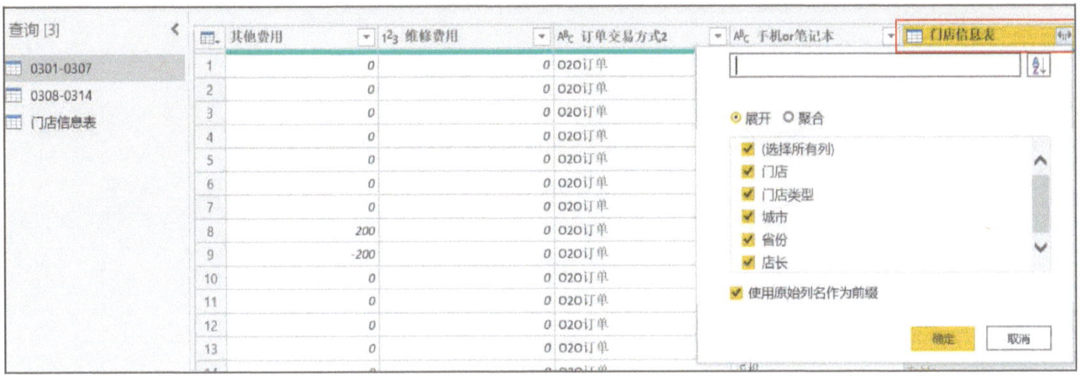

图 2-29

综上所述，"追加查询"的功能类似于前面讲到的"多文件合并"功能。而"合并查询"类似于 VLOOKUP 函数，匹配两个表中的列信息。合并查询还有一个应用的场景，就是满足日常会计人员的对账工作。很多时候，如果想用 VLOOKUP 函数去匹配两个表的信息和金额是否有差异时，就可以用到合并查询。VLOOKUP 函数基于 Excel 的使用场景，运算起来比较慢，而在 Power BI 中使用的合并查询会更加轻松。笔者将 Power BI 的这个功能推荐给了会计同事，使他们的对账工作效率提高了不少。

7. 其他功能

还有一些和 Excel 操作相近的功能，下面简单讲解。

（1）筛选：Power BI 的标题列都有下拉箭头，单击每列的下拉箭头，可以在筛选器中进行筛选，如图 2-30 所示。

（2）分组依据：功能类似 Excel 的数据透视表，可以对选中的列按某种方式进行汇总，比如计数、求和等，如图 2-31 所示。在"转换"选项卡中选择"分组依据"，然后设置条件，

图 2-31 中的条件是按照订单交易方式对"出库 / 退货量"列求和，以得到不同交易方式的出库 / 退货量的数值。

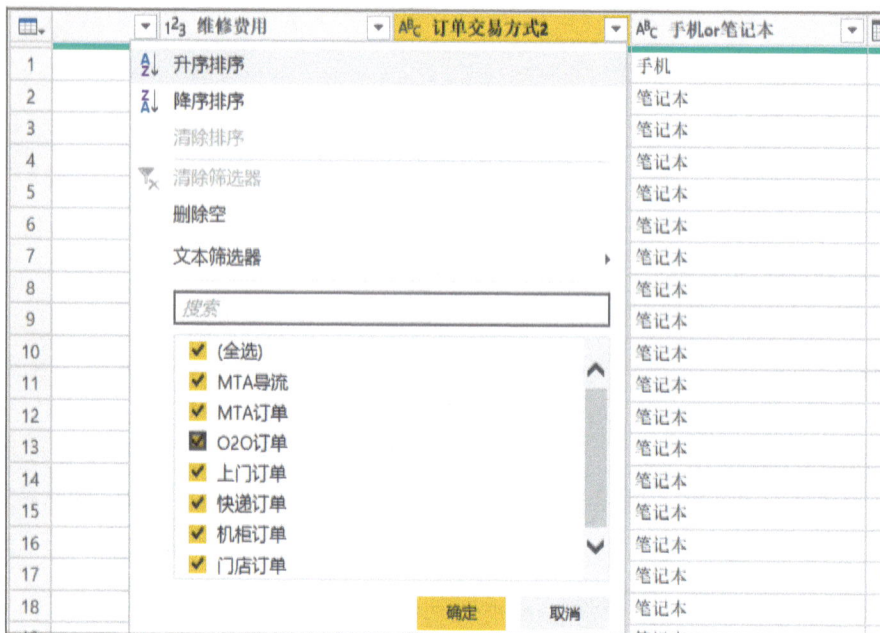

图 2-30

图 2-31

（3）转置：和 Excel 中的转置一样，将列和行进行翻转，如图 2-32 所示。

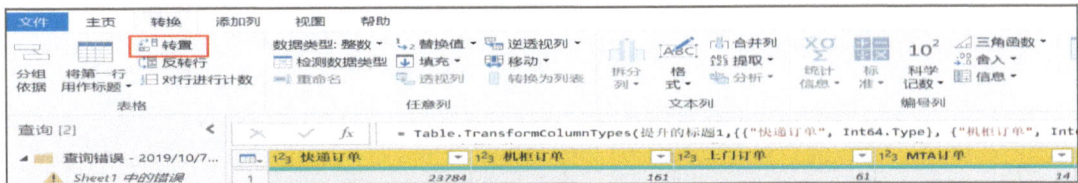

图 2-32

（4）数据类型：如果对列值进行计算，需要对导入的数据类型进行检查，检测其是否为整数或者小数，也可以通过手动修改进行调整，在 Power BI 页面的"转换"选项卡中选择"数据类型：整数"进行修改，如图 2-33 所示。

（5）替换值：具有查找和替换功能，"转换"栏选择"替换值"，如图 2-33 所示。

（6）提取：类似 Excel 中分列的功能，对某列的内容进行提取和筛选，可选择固定长度或者分隔符进行提取，如图 2-34 所示。需要注意的是，"提取"下拉菜单中的"长度"选项是指提取单元格的字符长度；"范围"选项是指按照固定长度提取内容。

图 2-33

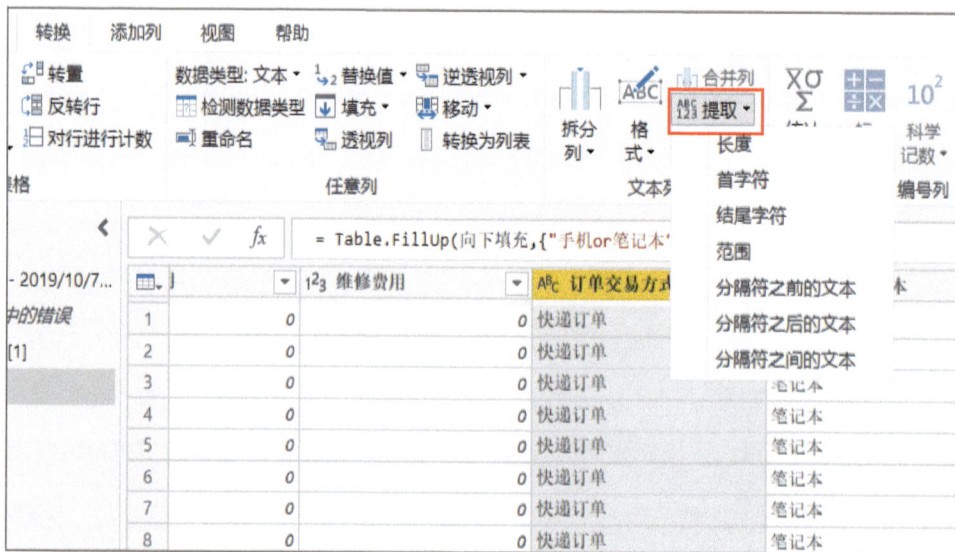

图 2-34

（7）修整和清除："转换"选项卡下的"格式"命令包含"修整"和"清除"两个功能，如图 2-35 所示。其中，"修整"功能用于删除所选列中的前导空格和尾随空格；"清除"功能用于删除非打印字符。这两个功能类似于 Excel 的清除空格操作，使内容变得更加规整，以便后续进行表之间和列之间的匹配。

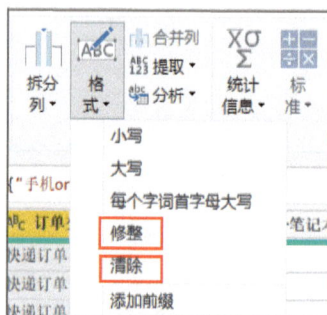

图 2-35

2.3　Power Pivot：分析财务数据也如此简单

我们在 2.1 节中讲到了财务模型的分析思路，其中利润表数据来源可拆分为底表结构。在展示层面，只会呈现最终的利润表，但是追根溯源，利润表由不同层级的底表构成。尽管不同的模型中财务模型架构所需的数据源各有差异，但整体结构都遵循图 2-36 中的递进形式。

项目（单位：元）	2018Q3
客单价	2,570
订单量	7,559
收入	19,427,400
成本	18,294,048
毛利	1,133,352
毛利率	5.8%
费用	2,070,889
人工	1,080,000
房租物业水电	330,000
装修折旧	157,500
获客费用	300,000
物流费	113,389
其他	90,000
利润	−937,537
利润率	−4.83%

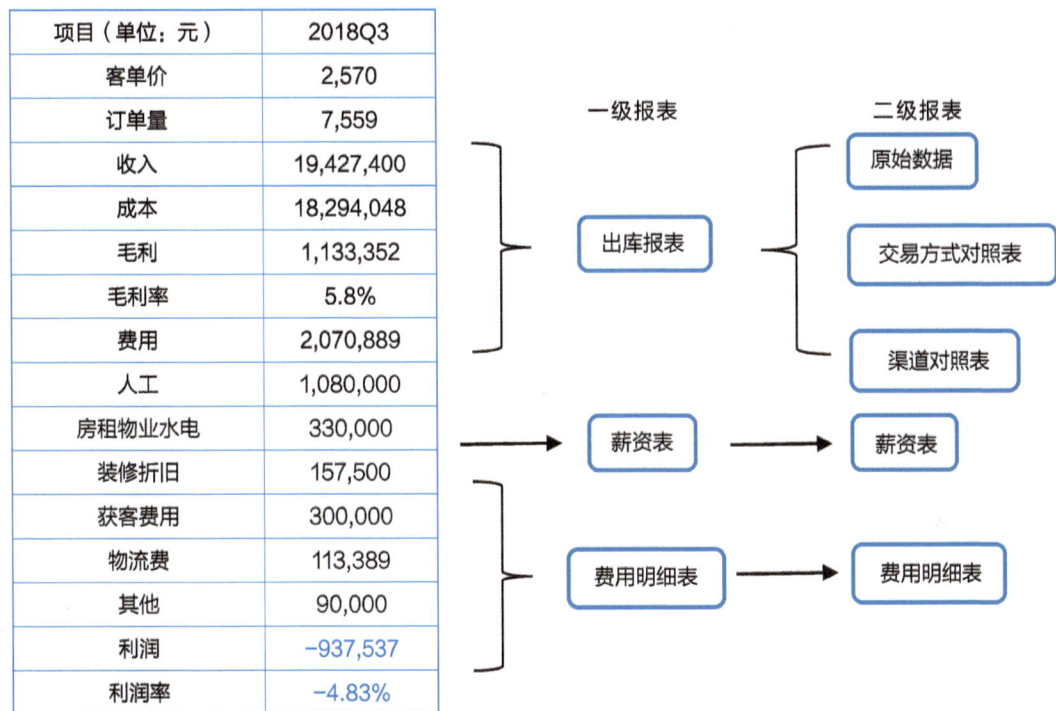

图 2-36

Excel 制作的利润表，利用函数连接一级报表、二级报表等底层数据，只要底层数据更新，最外层的利润表数据就会随之改变。如果用 Excel 制作每个季度或者每个月的损益表，假如依据图 2-36 中的 2018 年 Q3 利润表，制作 Q4 的利润表，那么需要将图 2-36 中二级报表数据更新为 Q4 的数据，最终得出 Q4 的利润表。

如果使用 Power BI，那么可以更迅速地得到 Q4 的利润表，下面我们对财务建模的步骤进行讲解。

首先，将模型有关的底表导入 Power BI，在"主页"选项卡选择"获取数据"，将 Excel 格式的底表导入软件中，如图 2-37 所示。

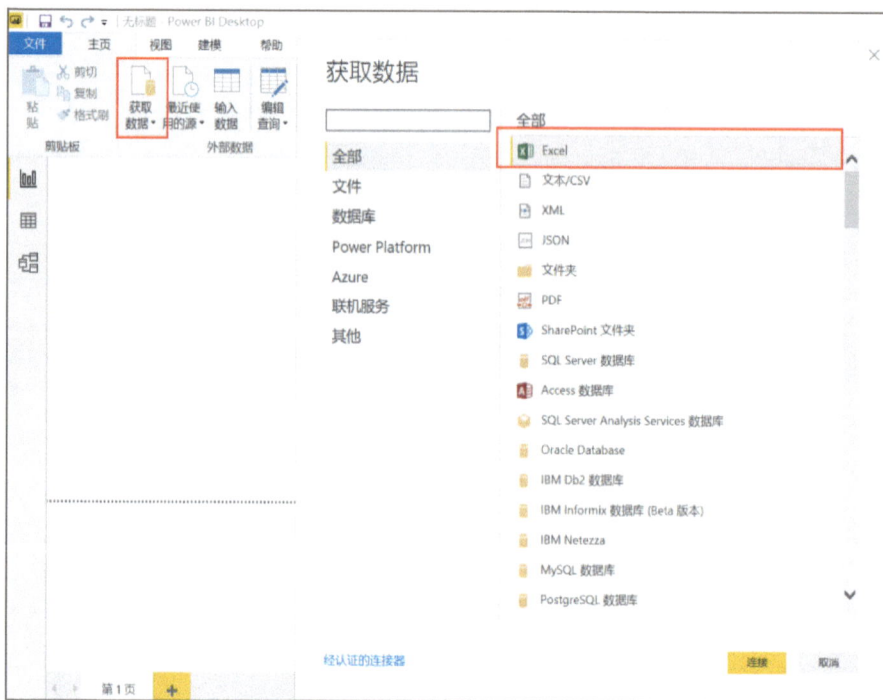

图 2-37

单击"模型"按钮，出现报表之间的关系结构，如图 2-38 所示。关系由一对一或多对一的列构成，当系统能自动检测出两个表之间存在一对一或多对一的关系时，则会自动显示出连接线。我们可以看到图 2-38 中并没有展示出全部的关系，因为有时 Power BI 并不能完全识别出两个表的关系，这时就需要通过手动添加了。

选择导航栏中的"管理关系"，单击"新建"按钮，如图 2-39 所示。

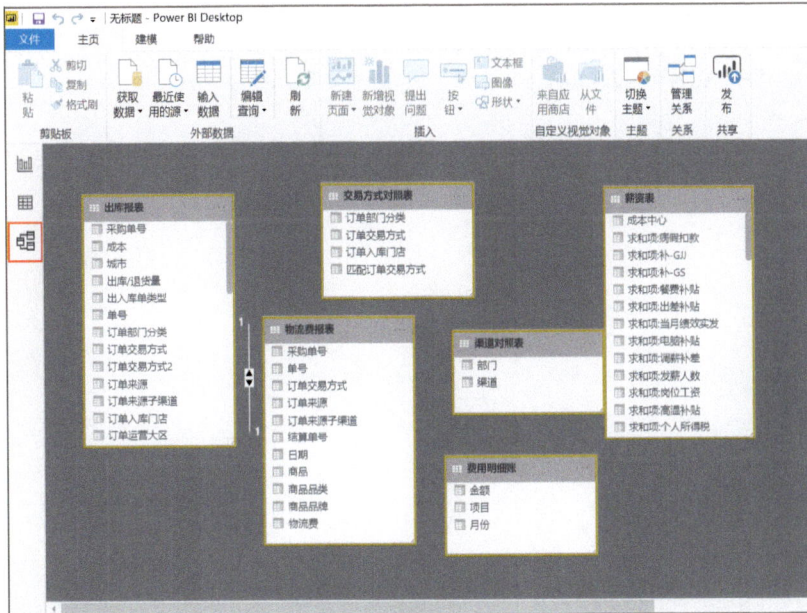

图 2-38

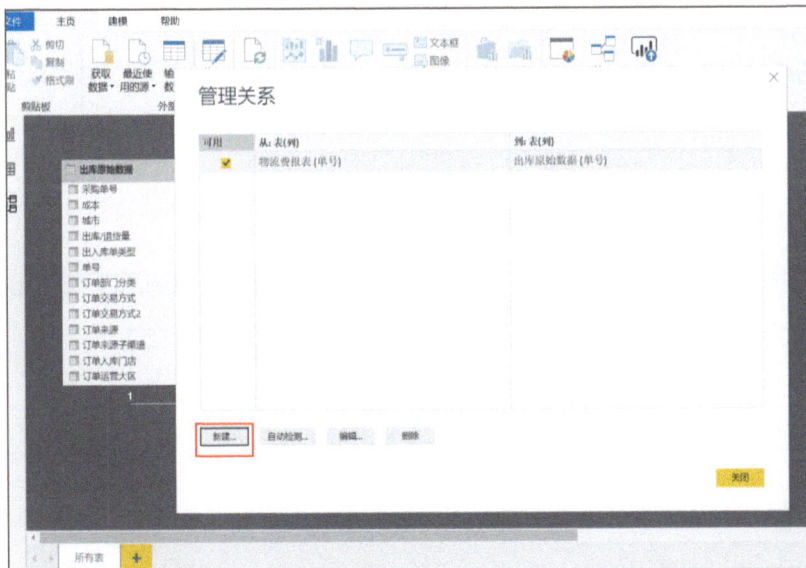

图 2-39

选择两个表的对应列，关系设置为"多对一"，如图 2-40 所示。注意"渠道对照表"要保持数值的唯一性，这样才能保证"多对一"关系的建立。

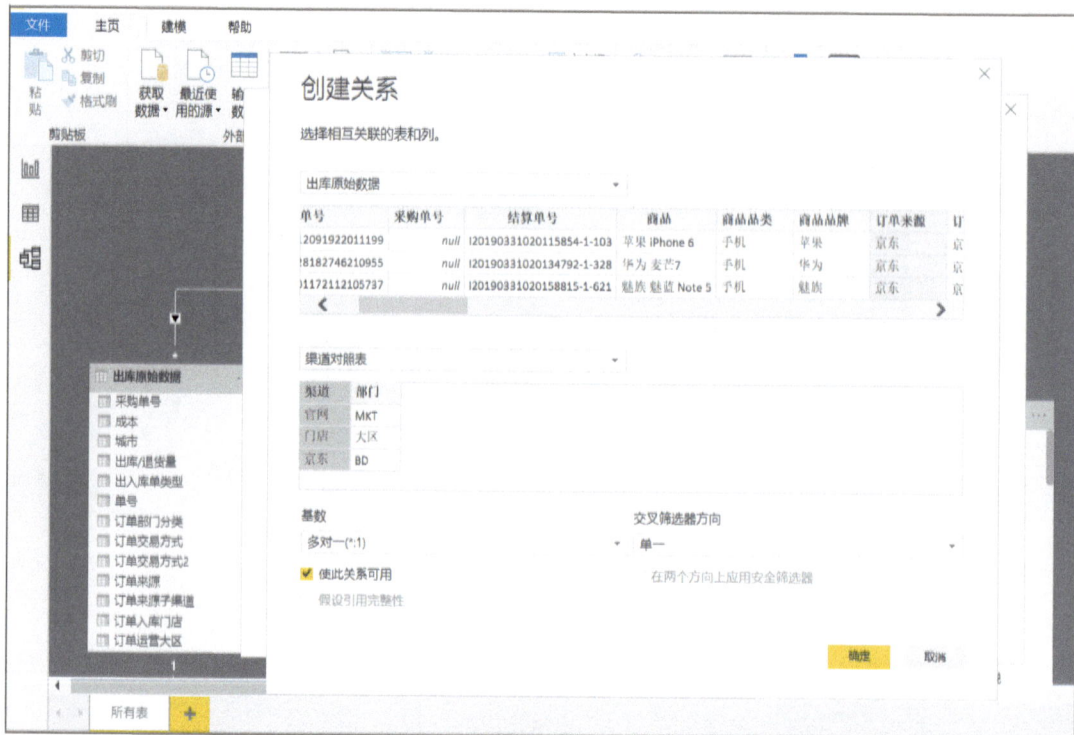

图 2-40

建立关系后的表格结构如图 2-41 所示。其中，薪资表和费用明细账无法和出库原始数据建立一对一或者多对一关系，因为这些费用的发生并不是根据订单产生的。

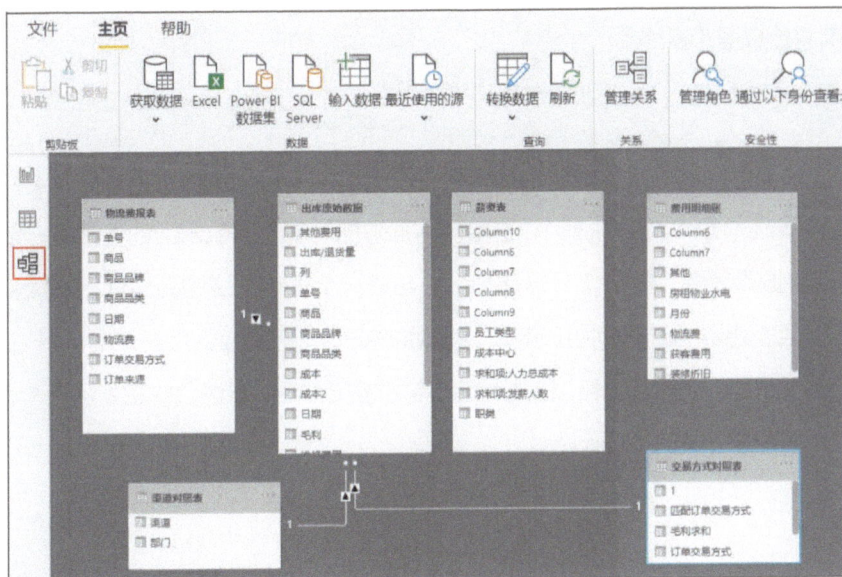

图 2-41

如图 2-42 所示，在报表界面选择表工具栏中的"新建表"，在 DAX 输入框中使用
SUMMARIZE 函数，提取相关表的列：

汇总 =
SUMMARIZE (
　'出库原始数据 ',
　'出库原始数据 '[订单来源],
　'交易方式对照表 '[匹配订单交易方式],
　'出库原始数据 '[出库 / 退货量],
　'出库原始数据 '[销售额],
　'出库原始数据 '[成本 2],
　'出库原始数据 '[毛利],
　'物流费报表 '[物流费],

' 出库原始数据 '[日期],

" 月份 ", MONTH (' 出库原始数据 '[日期])

)

SUMMARIZE(' 表 1',' 表 1'[列 1]) 函数具有汇总的功能，函数返回的是带有一定条件的汇总表。第一个参数是表名，第二个参数是列，在与第一个表相关联的列里进行选择，可以往后继续添加列，返回的结果是这些列组成的表。SUMMARIZE 的参数最后面带上列名和表达式时，它会自动计算并返回分组的汇总表，也就是它汇总的意义体现，上述公式的最后两个参数为"月份"和"月份取值的公式"。

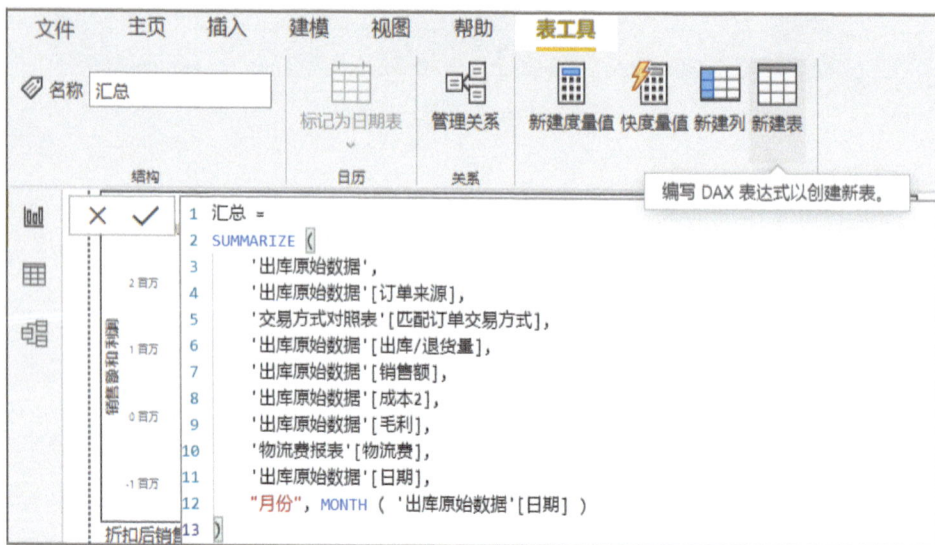

图 2-42

"汇总"表公式中的主要列有：订单来源、销售额、成本、毛利、物流费，等等。此时"汇总"表还缺少薪资、获客费用、房租物业水电等。因为这些费用并不是跟着订单产生的，需要根据一定分摊的原则在发生的订单中进行分摊。下面按照销售金额将这些费用分摊到订单。

新建列，输入公式，如图 2-43 所示。DAX 公式和 Excel 函数几乎一致，这对于平时习惯用 Excel 的工作者来说易于上手。

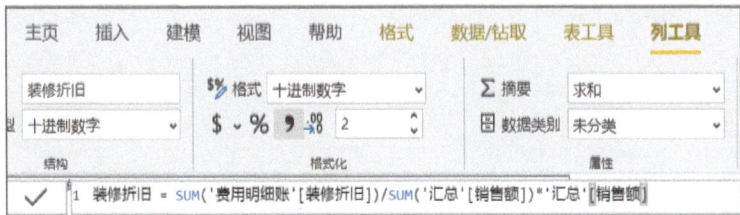

| 主页 | 插入 | 建模 | 视图 | 帮助 | 格式 | 数据/钻取 | 表工具 | 列工具 |

图 2-43

与新建装修折旧列的方法一致，创建薪资、获客费用、房租物业水电等列，增加费用汇总列：

薪资 = SUM(' 薪资表 '[求和项：人力总成本]) /SUM(' 汇总 '[销售额])*' 汇总 '[销售额]

获客费用 = SUM(' 费用明细账 '[获客费用])/SUM(' 汇总 '[销售额])*' 汇总 '[销售额]

房租物业水电 = SUM(' 费用明细账 '[房租物业水电])/SUM(' 汇总 '[销售额])*' 汇总 '[销售额]

其他 = SUM(' 费用明细账 '[其他])/SUM(' 出库原始数据 '[销售额])*' 汇总 '[销售额]

增加费用汇总列：

费用汇总 1 =' 汇总 '[薪资] + ' 汇总 '[物流费] + ' 汇总 '[获客费用] + ' 汇总 '[装修折旧] + ' 汇总 '[房租物业水电] + ' 汇总 '[其他]

然后，新建利润列：

利润 =' 汇总 '[毛利] – ' 汇总 '[税] – ' 汇总 '[费用汇总 1]

单击"报表"按钮，在"可视化"窗格和"字段"窗格里选择需要的字段，构建可视化图表，样式如图 2-44 所示，在本书第 3 章我们会对图表制作进行详细介绍。

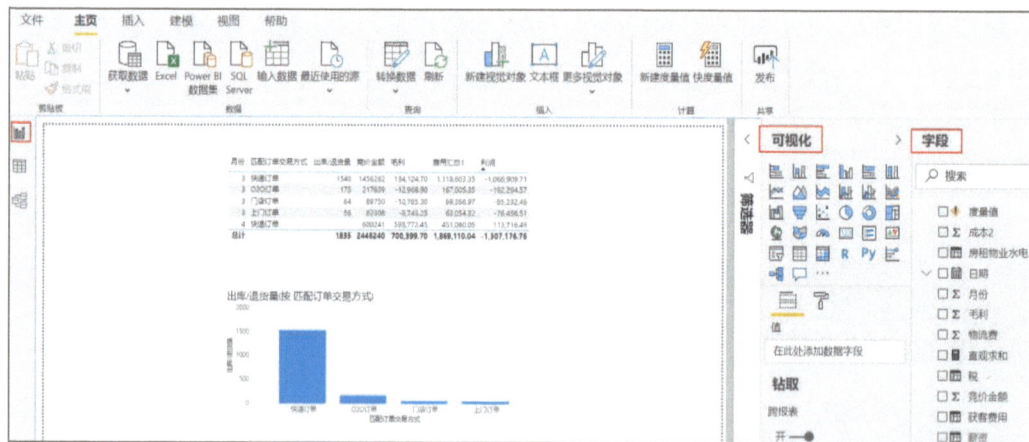

图 2-44

图 2-44 中将 3 月份的数据进行了整理。在制作 4 月份的图表时，不需要再构建列、制作图表，只需将底表数据更新为 4 月，刷新数据便可获得最新图表。

2.4 指导业务决策：What-If 分析

在财务分析师的平时工作中，非常重要的一项工作就是进行各类财务测算，其中需要用到多个条件假设，比如分析促销活动对于销售额的影响；刚起步的业务经历多长时间的发展可以扭亏为盈。进行这些测算的时候，需要不断地对变量进行调整，为便于改变条件，在 Power BI 中使用"参数"功能进行调节。

假设采取不同的策略方案会产生何种结果，以便做出最佳的决策，这种评估程序被称为假设分析，也就是 What-If 分析。我们针对 2.3 节中构建的财务模型继续进行分析，如图 2-45 所示，值选择"销售额"和"利润"字段，轴选择"匹配订单交易方式"字段。结果四种交易方式的利润均为负数，所以财务分析师需要测算，在成本不变、销售额提高的前提下，何时能做到四种交易方式扭亏为赢。

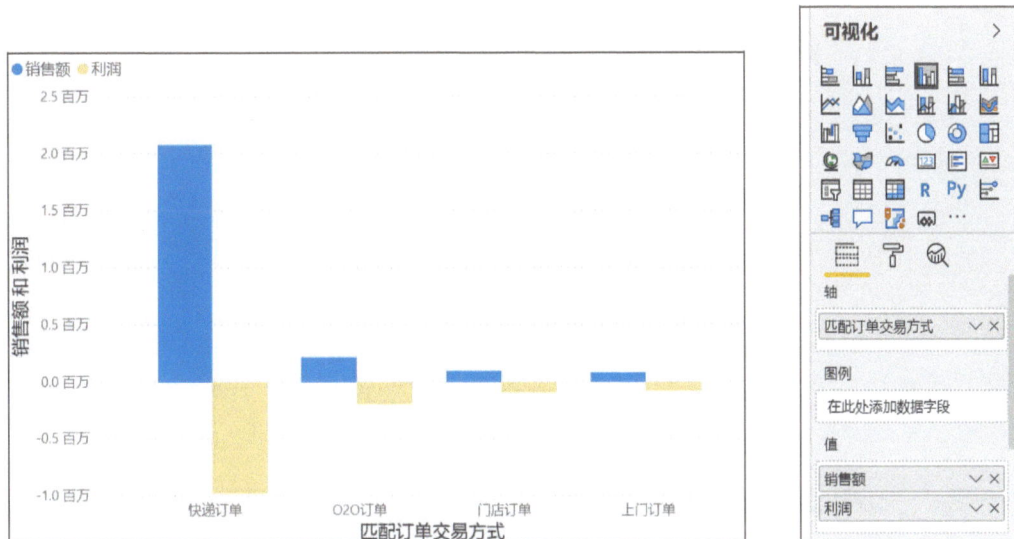

图 2-45

为提高销售额，业务部门选择打折促销的方式，降价的同时，提高销量。假设经过市场调研，产品的用户对价格非常敏感，所以降价带来的销售额下降能够被销量提升的影响所抵消，进而带来销售额的提升。如图 2-46 所示，在"建模"选项卡中，选择"新建参数"。

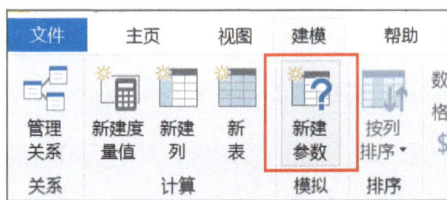

图 2-46

在弹出的"模拟参数"对话框中设置"折扣率"参数，假设折扣设置的最小值为 0，最大值为 0.8，每一次增量为 0.1，如图 2-47 所示。

图 2-47

然后，在 DAX 函数编辑器里新建度量值：

折扣后销售额 =
SUM (' 汇总 '[销售额])
  - (SUM (' 汇总 '[单价]) * ' 折扣率 '[折扣率 值])
  * (
      SUM (' 汇总 '[销量]) * ' 折扣率 '[折扣率 值] * –1.2
)

在上述度量值中，折扣率的系数为"–1.2"，意为销量是折扣率变化的 –1.2 倍。假设折扣为 0.1，那么销量则提升 0.12，即 12%。折扣后利润用折扣后销售额测算，公式如下：

折扣后利润 =
(' 汇总 '[折扣后销售额] – SUM (' 汇总 '[成本 2])) / 1.06
  - SUM (' 汇总 '[费用汇总 1])

如图 2-48 所示，当折扣率提升到 10% 的时候，四种交易方式的订单均可扭亏为盈。

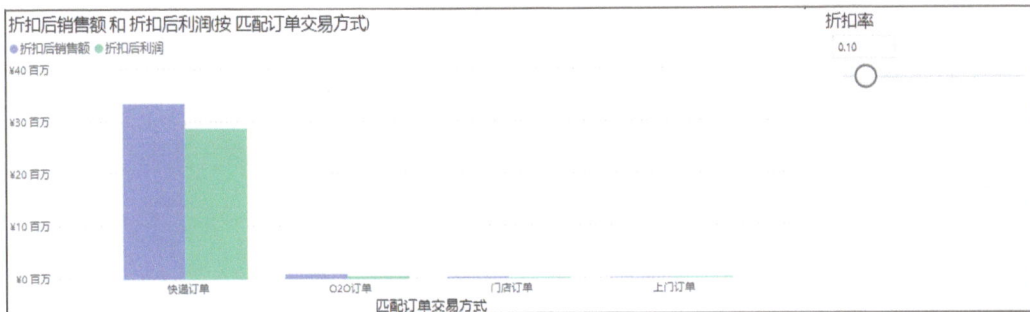

图 2-48

此案例的测算过程较为简单，在实际操作当中，首先要与业务部门沟通假设条件的合理性，在假设条件确定的前提下再进行假设分析。

2.5 DAX：节省 80% 时间的关键

"二八定律"也叫巴莱多定律，是 19 世纪末 20 世纪初意大利经济学家巴莱多发现的。他认为，在任何一组东西中，最重要的只占其中一小部分，约 20%，其余 80% 尽管是多数，却是次要的。这个原则被广泛应用在生活和工作的很多方面。比如 20% 的企业生产了市场上80% 的产品；20% 的顾客给商家带来 80% 的利润。往往在工作中，一个人有效利用了 20% 的时间，创造了自身 80% 的价值，也就是说其他时间的效率是很低的。这个定律强调在有限的时间内要抓住重点，优先做核心和重要的事情。若想利用好 Power BI，提升工作效率，掌握好 DAX 无疑是那 20% 最具价值的部分。

DAX 是一种函数语言，类似 Excel 函数的使用规则。大多数财务工作者平时都和 Excel 打交道，多多少少有一定的 Excel 基础，那么在学习 DAX 时也会事半功倍。图 2-49 展示的是 DAX 的核心功能，即新建度量值、新建列、新表。

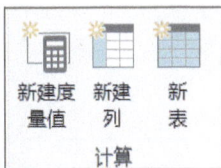

图 2-49

不同于 Excel 对单元格的计算，DAX 计算是基于列的计算。所以在理解 DAX 的计算逻辑时，不能用看待 Excel 的眼光去看待 DAX。

DAX 的计算是指计算上下文（Context）。关于上下文，其含义为周围环境。也就是说，要确定某种含义，必须考虑到它所处的环境，上下文正是这种周围环境。上下文分为：行上下文（Row Context）和筛选上下文（Filter Context）。

DAX 计算的本质可以理解为，在多个表建立关系的数据模型中，DAX 进行筛选操作，找到需要进行计算的一个数据模型的子集，即筛选上下文（例如 FILTER 函数）；针对每一行数据进行轮询处理，即行上下文（例如 EARLIER 函数），然后完成聚合型计算，即计算上下文（例如 CALCULATE 函数）。

假如需要分析各个交易方式或者各省市产品的毛利率、销售增长率等数据，监控销售数据的达成，防范异常数据的潜在风险。我们选择 3 月到 4 月的产品销售数据作为处理对象。

首先，对原始数据表和对照表进行关联，如图 2-50 所示。

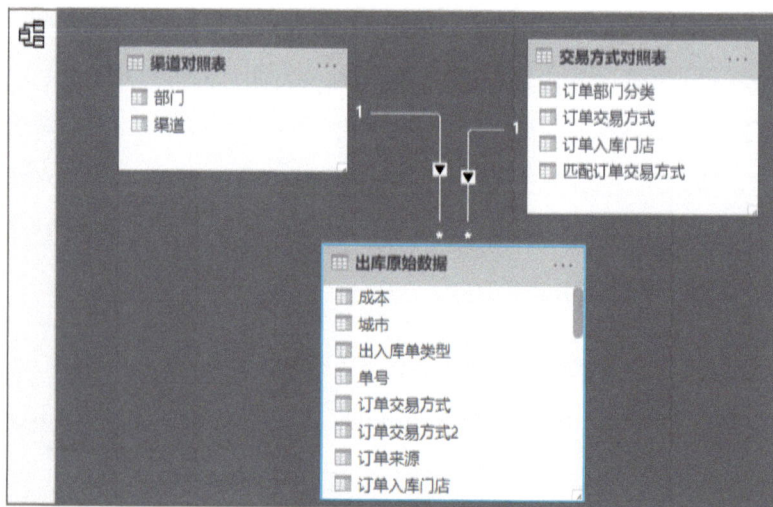

图 2-50

在"建模"选项卡中选择"新建度量值"，然后在度量值的输入框中输入函数，如图 2-51 所示。在输入之前，我们先来认识一下即将用到的函数。

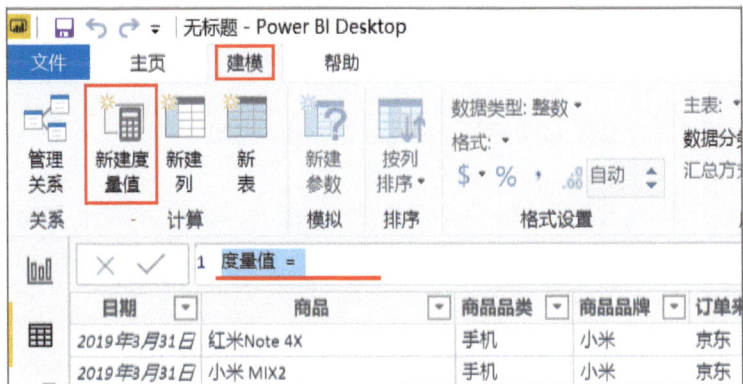

图 2-51

1. CALCULATE 函数和 FILTER 函数

（1）CALCULATE 函数

CALCULATE 函数是 DAX 语言中一个功能非常强大的求和函数，自身带有筛选和求和的功能，类似于 Excel 中的 SUMIF 函数。不同的是，CALCULATE 函数的计算功能针对聚合函数，所以常与 SUM 函数嵌套使用。函数语法如下：

CALCULATE(聚合度量值 , 表达式)

第一个参数为聚合运算表达式，第二个参数为筛选条件。上述公式中的筛选条件为一个，如果同时需要多个筛选条件的话，那么可以用"in"连接，例如：

CALCULATE([1 销售额], ' 渠道对照表 '[渠道] in {" 大区 ", " 官网 ","BD"})

（2）FILTER 函数

函数语法如下：

FILTER（表，筛选条件）

FILTER 函数常常与 CALCULATE 函数结合使用，比如：

CALCULATE([1 销售额]，FILTER(' 渠道对照表 '，' 渠道对照表 '[渠道] in {' 大区 '，' 官网 '，'BD'})

公式的含义为计算渠道为"大区""官网""BD"的销售额合计。

从上述条件来看，直接使用 CALCULATE 函数和使用 CALCULATE & FILTER 的函数组合并无不同，但是 CALCULATE 函数只适用于 [列]= 固定值（或大于、小于等逻辑判断）这种判断条件，如果面对更灵活的筛选条件，比如 [列]= 公式、[度量值]= 公式，就需要筛选函数 FILTER 函数登场啦。

2. DIVIDE 函数

DIVIDE 函数是计算除法的函数，应用于计算增长率、毛利率等比率的运算中。但是为什么不直接用除号计算呢？因为除号"/"在计算分母为零的情况时会报错，而 DIVIDE（分子，分母）的公式可以防止报错，计算结果会显示为空。所以，使用 DIVIDE 函数会优于直接相除。

3. DATEADD 函数

DATEADD 函数表示日期或时间间隔的数值与函数中指定的日期相加，返回一个新的日期。函数语法如下：

DATEADD (DATEPART, NUMBER, DATE)

DATEPART 是日期参数，取类型为日期的列；

NUMBER 为与 DATEPART 日期相加的数值，必须为整数；

DATE 是日期格式的表达式，例如 YEAR/MONTH/DAY 等。

例如：DATEADD('日历表'[日期],–1,MONTH)，指返回日期列每个值对应月份的上一月。

了解完函数之后，创建将要使用的度量值。

销售额 =
SUM（'出库原始数据'[销售额]）

成本额 =
SUM（'出库原始数据'[成本]）

毛利率 =
DIVIDE（（[1 销售额] – [2 成本额]），[1 销售额]）

销售额环比增长率 =
DIVIDE（
　　（[1 销售额] – CALCULATE（[1 销售额], DATEADD（'日历表'[日期], –1,
MONTH)）），
　　CALCULATE（[1 销售额], DATEADD（'日历表'[日期], –1, MONTH)）

创建完上述度量值之后，在"报表"页面创建可视化图形观察数据分布，如图 2-52 所示。创建图表的目的是分析不同渠道来源和省市的产品毛利率、销售增长率等数据，监控销售数据的日常变化。由于要分析不同地区和交易方式的毛利率和销售增长率，建议使用气泡图。散点图的横轴和竖轴适合使用百分比，其中的散点分布和各自大小总共可以显示四个维度的数据。

如图 2-52 所示，回到"报表"页面，在右侧"可视化"窗格中选择新建散点图。

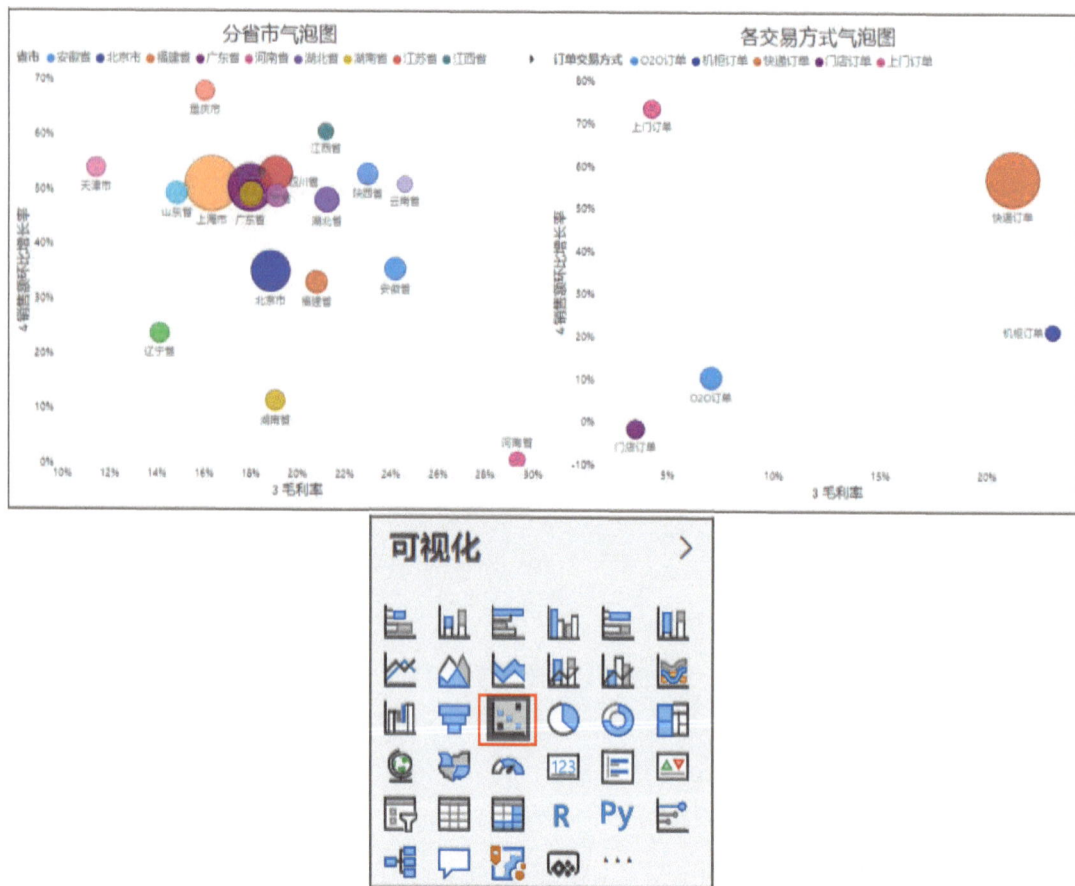

图 2-52

　　"分省市气泡图"X 轴和 Y 轴分别选择已创建的 [3 毛利率] 和 [4 销售额环比增长率] 两个度量值，图例选择"省市"列，大小选择"出库/退货量"列，如图 2-53 所示。"各交易方式气泡图"X 轴和 Y 轴分别选择已创建的 [3 毛利率] 和 [4 销售额环比增长率] 两个度量值，图例选择"订单交易方式"列，大小选择"出库/退货量"列。图例指的是每个散点的意义，以不同颜色区分。大小指的是散点的大小，案例中使用销售量的数值。

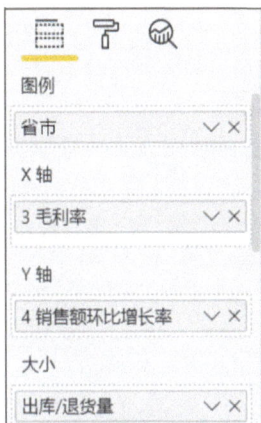

图 2-53

如图 2-54 所示，单击右侧的"快递订单"按钮，左侧的"分省市气泡图"会关联显示各省市的"快递订单"。河南省和陕西省的毛利率、增长率均较高，可以进一步分析这两个省的销售数据，或许能得到利润领先的深层次原因，从而指导其他省市经营。同时河南省和陕西省的气泡较其他省较小，代表其销售量有待提高。

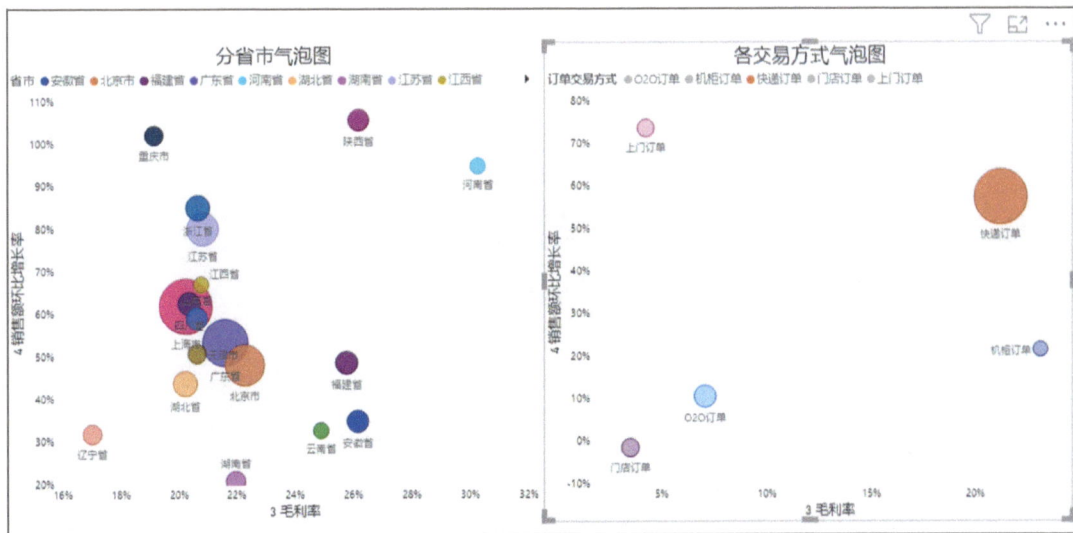

图 2-54

第3章
可视化：制作财务分析报告

一天，财务部杨经理找到小黑，要求他制作一份财务分析报告。

杨经理说："小黑，你负责电商事业部的财务分析也有一段时间了。我们部门每个月都需要向管理层汇报公司的经营分析情况，这次关于电商事业部的汇报材料由你设计，不需要很多页PPT，你可以先想一下从哪些角度讲，尽量控制在2页到3页。"

小黑回去后进行构思：把最近一个月事业部的损益表列示，先让管理层看一下整体业绩和利润，再加上跟预算的比较，这样能看到哪些数据是不达标的。然后他发现这个月部门的营销费用花了不少，可以按照花费方式和投放渠道列一下投入产出比。按照这个思路，小黑想着先整理底层数据，然后制作两页PPT。过了大半天，小黑把做好的PPT发给了领导。

领导看到后，提了几点建议，具体如下：

（1）利润表数据比较多，如果给老板们看，他们一眼看过去未必能看到重点，所以尽量多用可视化的图，减少数字，或者标注出重点数据。

（2）除了和预算比较，也可以考虑同比或者环比的情况，这就要看我们想呈现什么，或者从什么角度去阐述经营问题，比如业务方在制定今年预算的时候考虑到了市场环境恶化，制定了一个比较低的预算，但是目前市场回暖，使业务得到快速发展，所以即使业务方现在达成了预算，也未必能说明这个增长是合理的，因为年初预算已经不适用于目前情况了，所以这时候也要考虑环比的增长，增速是否足够高，是否能逐月提高。如果发现问题，最好能再提出改进建议，这样可以给出管理层思考的方向。

（3）对于营销费用的 ROI 分析，不能仅仅列数字、比大小，更要思考为什么有些渠道的投放产出效果低，并不是说产出效率低就意味着这个渠道的价值低，可能业务方是有战略考虑的。比如，百度搜索的关键字竞价，虽然转化较低，可是如果我们不买某些关键字，往往就会被对手买了，那么在搜索上就丢失了很多曝光机会。

小黑按照领导的建议修改了 PPT 数据，其中由于没有考虑到进行月份环比对比，所以只能重新整理底稿数据，又花费了不少时间。

如果是刚开始做财务分析报告，或许会遇到杨经理讲的那几点在展示层面上的问题，这些都是在告知初学者如何更好地讲述问题和结论。除此之外，案例中的小黑还遇到一个问题，那就是重复整理底稿。如果他能在开始的时候就跟领导沟通清楚分析思路，然后再准备数据和 PPT，那么效率会更高。其实，在日常工作中，很多员工，尤其是基层员工，思考问题是从细节着眼，因为大部分人做着很多细节工作，容易直接思考每一步应该如何去做。如果是站在领导的角度，他需要的是最后的结果，而中间的过程对于他来讲并不重要；但是对于员工来讲，工作过程则是领导去判断一名员工效率高低的量尺，如果无法得当、高效地处理领导交予的工作，那么在绩效考核时，很有可能得不到高分，最终影响升职加薪。所以，"从结果出发"是一个在工作中高效处理问题的思路，供大家参考。

第 2 章讲述了数据清洗和数据分析，而本章将讲述的制作、呈现分析报告无疑更加重要。更清晰、直观、流畅地呈现分析过程和结果，会令观察者更加信服，这正是体现了"从结果出发"的思维。本章将结合笔者自身经历，对制作财务分析报告中经常会遇到的问题进行讲解，希望能帮助大家在今后的工作中少走弯路。

3.1 发现问题背后的故事

当笔者刚进入公司的时候，看到公司的财务分析报告，其中一页 PPT 如图 3-1 所示。这页 PPT 传达了什么信息呢？图 3-1 中左上方是一张各渠道销售收入，以及对比预算、同比和环比等信息的表格，右上方是一张销售达成率的环形图，不过从图上看并没有标注每一环分别对应的是哪个渠道，以及销售达成率的数值，图 3-1 中下方的文字则是将表格的信息做了简单描述。

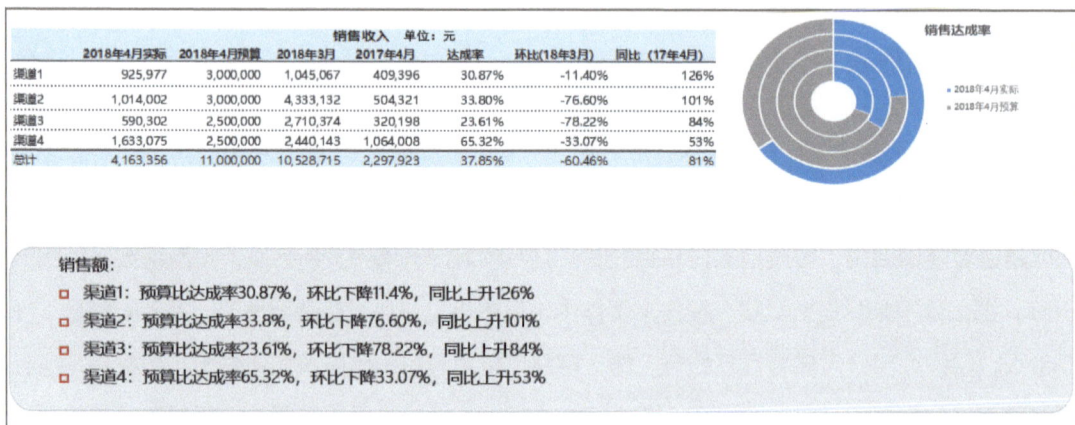

销售收入 单位：元

	2018年4月实际	2018年4月预算	2018年3月	2017年4月	达成率	环比(18年3月)	同比（17年4月）
渠道1	925,977	3,000,000	1,045,067	409,396	30.87%	-11.40%	126%
渠道2	1,014,002	3,000,000	4,333,132	504,321	33.80%	-76.60%	101%
渠道3	590,302	2,500,000	2,710,374	320,198	23.61%	-78.22%	84%
渠道4	1,633,075	2,500,000	2,440,143	1,064,008	65.32%	-33.07%	53%
总计	4,163,356	11,000,000	10,528,715	2,297,923	37.85%	-60.46%	81%

销售达成率
- 2018年4月实际
- 2018年4月预算

销售额：
- 渠道1：预算比达成率30.87%，环比下降11.4%，同比上升126%
- 渠道2：预算比达成率33.8%，环比下降76.60%，同比上升101%
- 渠道3：预算比达成率23.61%，环比下降78.22%，同比上升84%
- 渠道4：预算比达成率65.32%，环比下降33.07%，同比上升53%

图 3-1

图 3-1 中的 PPT 缺点非常明显：

首先，里面可获得的信息很有限，文字和图表仅是讲述了预算达成情况和同比、环比情况。可以看出，预算达成率偏低，渠道 1-4 预算比达成率分别是 30.87%、33.8%、23.61%、65.32%，业绩已经严重偏离预算，但是对于达成为什么如此低（低于 80% 说明偏离比较大）并没有解释原因。这种分析仅是停留在数字表面，描述数值的变动，却不解释变动原因。如果是一个不了解业务的人看到，很可能会追问预算比达成率低的原因，到底是由于制定的预算偏高，还是实际经营过程中发生了重大变化？

另外，文字和数字的呈现方式远不如图形形象，图中表格中的数字太多了，给人的感觉就是抓不到重点。表格中有预算比达成率、同比、环比，而预算比达成率、环比的结果呈下降趋势，但是同比却增长，到底以哪个标准作为参考更加合理，也是看报告的人会疑惑的一点。

同时，图 3-1 中有环形图，但是其数据并没有清晰标识，看不出每个环分别代表的渠道。另外，图中并没有将每个渠道的达成率标出，只能结合左侧的表格猜测数字。其实，呈现达成率时不太适合用环形图，因为环形图的内圈和外圈的面积不同，即使是相同的达成率用肉眼看也是有差异的。

最后，PPT 中的数字和文字太小，会导致看的人看不清，长时间阅读会造成视觉疲劳。

综上，这张 PPT 可以从几方面进行改进：精简文字和数字，选择适合呈现数据的图表，分析达成率低的深层次原因；管理层更注重结果，所以最好能直接就问题提出解决方案，如果暂时没有解决方案，至少要保证问题阐述清晰。

根据上述观点对 PPT 进行修改，如图 3-2 所示，主要修改为：

1. 将表格精简，删除环比和同比的数据；由于要分析预算比达成率低的原因，所以在分析收入数据时，将表格的数据改为贡献利润，确保左边的表格与右边的图形不会产生数据重叠。

2. 将环形图修改为子弹图，预算数据用空心柱状图表示，实际数据用实心柱状图表示，数值高低可以直观地反映达成结果。

3. 对文字描述进行修改。首先阐明"预算比达成率不高"的问题，由于数字可以增强说服力，因而描述为"销售整体达成率在 38%"；然后做简短的文字分析，并对问题解决提出方案。重点数字和文字进行特殊标记。

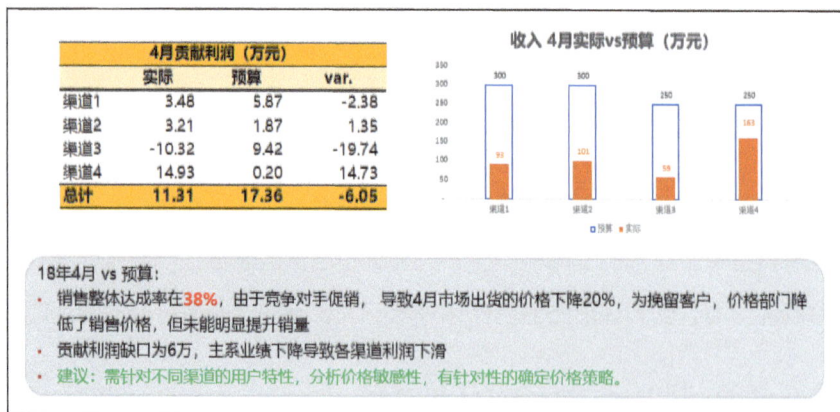

4月贡献利润（万元）			
	实际	预算	var.
渠道1	3.48	5.87	-2.38
渠道2	3.21	1.87	1.35
渠道3	-10.32	9.42	-19.74
渠道4	14.93	0.20	14.73
总计	**11.31**	**17.36**	**-6.05**

收入 4月实际vs预算（万元）

18年4月 vs 预算：
· 销售整体达成率在**38%**，由于竞争对手促销，导致4月市场出货的价格下降20%，为挽留客户，价格部门降低了销售价格，但未能明显提升销量
· 贡献利润缺口为6万，主系业绩下降导致各渠道利润下滑
· 建议：需针对不同渠道的用户特性，分析价格敏感性，有针对性的确定价格策略。

图 3-2

通过分析可以发现，2018 年 4 月预算比达成率不高的原因是由于竞争对手提高促销的力度，市场价格应声下跌。为挽留客户，价格部门降低了销售价格，但未能明显提升销量，所以导致销售额完成情况不理想，从而影响了利润。对于这个问题的解决方案，财务分析师提出了差异化定价的策略。

PPT 中展示的是经过财务分析师总结、提炼之后的结果，在分析过程中我们会面临更加复杂的场景和数据，需要重新进行思考。而借用"2W1H"（What、Why、How）模型可以帮助我们进行结构化思考。

首先，财务分析师需要先去了解这是什么问题，然后思考问题产生的原因，最后再去思考有几个维度的解决方法。在上述案例中，问题是"预算比达成率不高"，那么，要了解具体有哪些指标达成不好。分析得知，销售额和贡献利润较预算都有缺口，而贡献利润的影响因素除了销售额，还有成本、费用，需要进一步思考是否成本、费用也有缺口，还是仅仅只有销售额不达标。

确定好问题指标后，需要分析问题产生的原因。比如上述案例中的问题指标是销售额，而销售额由销量和售价两个因素构成，与预算相比，售价大幅下降。接下来应该思考，为什么会出现这个问题呢？我们可以猜测是业务部门近期调整了售价，然后再与业务部门进行沟通，验证猜测是否准确。财务数据通常是与市场或者经营策略变化相关的，但是在时间上有一定的滞后性。要想及时跟上业务变化，不能等待财务数据变化后才追溯原因，我们还要参与到业务的经营策略讨论中，及时跟进销售数据。

我们在与业务部门沟通后了解到，由于竞争对手降价销售，公司的用户有一定流失，从而影响了产品销量和毛利，而费用里大部分是固定费用，业绩下降并没有使费用产生大幅下降，所以实际利润未达成预算目标。接下来，财务分析师应当思考问题的解决方案，根据经济学理论得知，不同的用户价格敏感性不同，通过分析不同用户的价格弹性进行价格歧视、分级定价，进而使利润最大化。

在财务分析师练习制作分析报告的硬技能时，也不能忘记软技能的培养，发掘问题、寻找解决方案都离不开和业务部门的沟通，只有真正了解到业务一线发生的问题，才能做出更高质量的分析报告。

3.2 轻松搞定财务数据可视化

一般而言，财务分析部门每个月都要制作财务分析报告并进行展示，日常还要对于临时性的需求进行不定期分析和汇报。选择怎样的数据展现形式非常关键。从 3.1 节的案例中，能看到同样的数据在不同的图中所呈现出来的感觉是不一样的，比如，不同渠道的销售数据达成率更适合用子弹图而不是用环形图展示。一个适合的展现形式往往要给观看者直观、立体、深刻的印象，帮助其理解问题和结论。而且，在财务分析会上，管理层会就分析报告的内容展开讨论，比如未来业务的方向和策略，所以，报告还起到一个"抛砖引玉"的作用，帮助管理层开启后续的讨论。

我们思考一个问题，财务分析报告应该展示什么数据？

根据分析报告的内容，可以分为日常分析报告和专项分析报告。

日常分析报告对整个公司的经营情况进行分析。报告周期比较固定，一般是一个月或者半个月一次。每次分析通常以月度为单位，分析预算的达成情况，如果达成偏差较大，那么我们需要讲述偏差的原因并提出改进建议。日常分析报告作为监控预算达成的手段，重点是突出经营过程中的问题。

专项分析报告分析某项业务活动对经营的影响。报告周期不是一成不变的，根据业务需求而定。举例说明，某家电商平台在建立初期免费为平台上的商家提供服务，当平台发展到一定规模时，公司管理层开始探讨如何向商家进行收费。这时候需要财务分析师测算，收费将会给公司带来什么样的影响。如果有部分商家抵触收费，不愿意在平台上继续开店，那么这部分商户会流失，业务规模受到影响，而且利润目标也可能产生缺口。在测算之前，业务部门需要提供给财务分析师一定的假设条件，比如商家的流失率、销售额变动等，确保测算的合理性。

测算需要用到在第 2 章和第 3 章讲到的数据清洗、建模，以及可视化展示。无论是使用 Excel 还是 Power BI，最终都要以合理化的方式将分析结果呈现出来。也许分析师花费了大量的时间进行各种分析，但最后呈现数据才是至关重要的，细节错误和逻辑问题都要避免。在细心的基础上，才能再谈如何更合理地进行可视化呈现。

按照报告对象来分，财务分析报告又分为对外财务分析报告和管理用财务分析报告。对外财务分析报告主要展示给外部投资者，管理用财务分析报告主要展示给内部经营管理者。不同的观众需要了解的内容并不一样，即使是内部的财务分析报告，不同级别的管理层的关注点也不同，销售总监关心销售收入和毛利层面的数据，而 CEO 则希望了解整个集团的财务指标，所以在展示层面应当有侧重点。结合笔者的经历，在向内部管理层进行财务分析汇报时，主要使用以下几个分析角度。

（1）盈利能力和周转速度

在财务数据中，毛利、利润等数据反映了企业的盈利能力，在多数情况下需要给内部管理层展示此类数据。考虑盈利能力的同时，我们还需要分析资产使用效率，也就是分析在同等资源投入的情况下，哪个业务线可以获得更多的收入、利润，或者同一时间内哪个业务周转速度更快，进而进行资源整合，对浪费资源的业务线进行整改或者放弃。利润是业务部门不易注意的指标，需要财务部门提示，有些部门占用了资源，但毛利率还很低，从集团层面考虑，财务部门可以对其进行约束。在财务指标里：

$$资产收益率 = 资产周转率 \times 收入利润率$$

在其他条件不变的情况下，一年内周转次数提高一倍，利润水平就可以提高一倍，所以周转效率对公司经营至关重要。

（2）现金流

现金流是要指企业为满足日常经营活动而准备的流动资金。比如很多互联网公司会用到"阿里云""京东云"等云服务器的服务，这类服务需要企业将费用预充值到供应商平台的企业账户中，获得额度之后才能使用。当账户余额不足的时候就需要再次充值，否则服务器就要停机，影响整个公司的业务。根据这类服务的预充值性质，要求研发部门判断未来的服务器运转情况，提请预充值申请，将资金需求报到财务部，然后由资金部门支付。除此之外，还有很多与业务相关的预付款场景，如果没有充分的现金流计划，那么可能会在支付时造成流动资金短缺，影响正常经营。

（3）增长速度

增长速度同样是必要的分析角度，包括同比比较和环比比较，分析思路各有优势。如果进行同比比较，分析今年的某月和去年同期的变化，优点是可以消除季节的影响，比如数码产品的销售就会受到电商的大促活动或者厂商发布手机的影响，大促活动一般在 6 月和 11 月，而苹果公司每年一般在 9 月份发布新机，时间相对固定，所以同比可以消除月份间业绩波动的影响。而环比是比较相邻的两个月份的增长速度，优点是可以判断业务近期的发展速度，如果存在非季节性因素导致的业务发展受阻，那么可以对影响展开进一步分析，从而发现深层次的经营问题。

当然，并不能仅仅因为分析而分析。分析可以作为财务分析师日常监控数据的手段或者方式，但是在向管理层汇报时，出发点一定是阐述观点或者结论。然后通过分析论证，证明我们的结论是正确的。

除了结论和分析方法，数据的展示方式也是非常重要的。通过合理的数据展示，才能让观点深入人心。接下来，我们介绍在报告中常用的展示方式：图、表和文字。其中图更加直观，但是包含的信息比较有限；表能呈现更多的数据，却不如图直观；文字可以明确地表达观点，但是不太直观。

1. 图

按照数据类型分，主要有以下几类：

（1）趋势图：反映数据随时间序列变化的趋势，主要有柱状图、折线图和区域图，如图3-3所示。

在 Power BI 的报表视图里的"可视化"窗格可以找到这三种图形示例，横轴选择时间维度，纵轴选择销售量数据，即可得到图3-3中的图形。

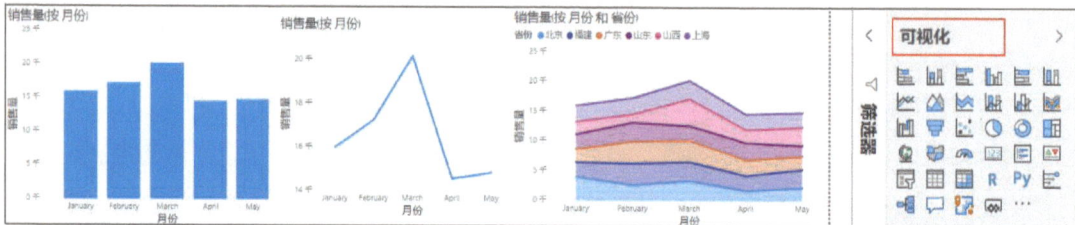

图 3-3

（2）分布图：反映数据各部分分布的情况，往往用来比较某个度量值在整体中的分布情况，比如饼形图、树状图、条形图等，如图 3-4 所示。饼形图更直观地反映各部分的比例；树状图应用于分类较多的数据，度量值最高的类别在左上方，依次向右下方延伸；条形图相当于横过来的柱状图，反映各部分的数值是多少，一般按照从高到低排列。

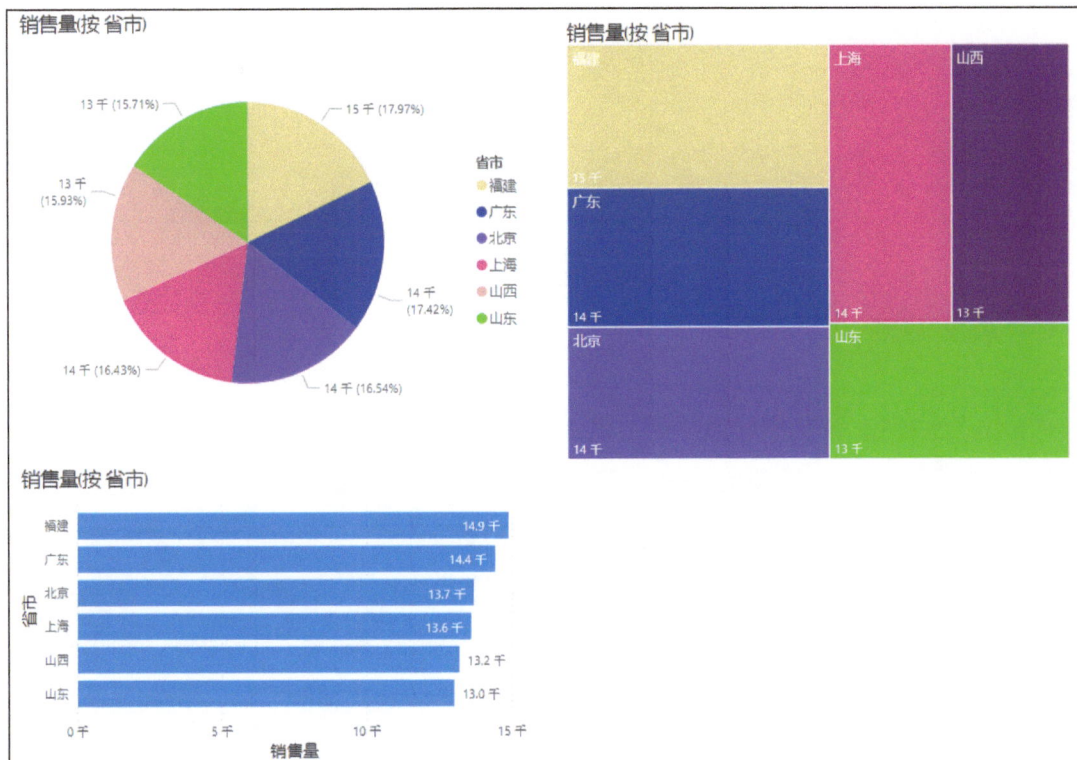

图 3-4

（3）关系图：相比于趋势图和分布图只有 1 个度量值，关系图包含 2~3 个度量值和 1 个维度，主要类型有散点图和气泡图，如图 3-5 所示。左侧为散点图，度量值有销售量和销售额，分别对应 X 轴、Y 轴的数值。右侧是气泡图，包含毛利率、销售额环比增长率和销售量三个度量值，分别体现在 X 轴、Y 轴和气泡大小，另外有 1 个维度——省市，以颜色标识。当需要反映三种度量信息的时候，气泡图无疑更加适合。

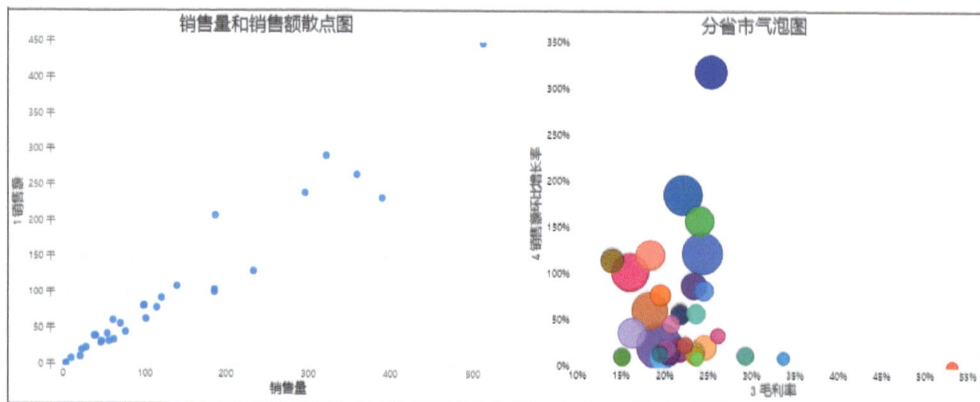

图 3-5

2. 表

相比于图来说，表能更具体地展示数值变化，虽然表的可视化效果比图的可视化效果弱，但是仍可以用两种方法突出重点，一种是只列举重点数字，减少不必要的信息，让观众一眼能看到重点，如图 3-2 所示，将表中原有的同比和环比数据删除，只保留与预算比较的情况，进而说明"预算达成效果不好"这一问题；另一种是对重点信息加以着重标注，凸显想要说明的异常数据，如图 3-2 所示，"销售整体达成率 38%"中的数字就用了红色字体，表明预算比达成率不高。因为人对颜色相当敏感，用鲜明颜色突出重点更能吸引观众的注意力。

做表的工具推荐使用 Excel，使用其中的"套用表格格式"功能，可以将图 3-6 中左侧的表一键调整成右侧更美观的样式，非常便捷。

经典咖啡	中杯	大杯	超大杯
焦糖玛奇朵	31	34	37
卡布奇诺	27	30	33
拿铁	27	30	33
摩卡	30	33	36

经典咖啡	中杯	大杯	超大杯
焦糖玛奇朵	31	34	37
卡布奇诺	27	30	33
拿铁	27	30	33
摩卡	30	33	36

（注：图中数字的单位为元／杯）

图 3-6

我们也可以自己进行配色，图 3-7 展示的是三款偏商务风格的配色方案。RGB 是每种颜色的颜色值，根据颜色值可以找到相应颜色。在 Power BI 中只支持输入十六进制的颜色值，所以笔者将各颜色对应的十六进制编号列在了表格中，读者可以根据喜好选择。需要注意的是，尽量避免在同一个表格中出现四种以上的颜色，如果色彩非常多，尤其是冲突强烈的配色，会让阅读的人眼花缭乱，阅读疲劳。

方案一	RGB	十六进制	方案二	RGB	十六进制	方案三	RGB	十六进制
	42,61,82	#2A3D52		165,48,15	#A5300F		105,99,86	#696356
	196,175,153	#C4AF99		225,152,37	#E19825		95,189,118	#5FBD76
	91,108,131	#5B6C83		213,88,22	#D55816		164,205,175	#A4CDAF
	215,204,184	#D7CCB8		177,156,125	#B19C7D		168,162,149	#A8A295

图 3-7

3. 文字

PPT 里的文字同样需要做到重点突出，并且字数一定要精简，不能占据太大的篇幅。在财务分析报告中，文字叙述的结构一般为：问题 / 结论——原因 / 数据——建议。先阐明问题或者观点，再结合数据分析解释原因，如果有针对措施，那么可以再加上自己的建议，如图 3-2 所示案例。

3.3　财务分析报告的排版

PPT 的排版经验是笔者在平时工作中逐步总结整理的，希望能有些可取之处。在实际应用中，仍要结合具体问题进行分析。

就财务分析报告来讲，整体的结构建议采用"总分总"的格式。

在月度分析报告中，首页一般要对业绩和利润进行概述。

其次，分事业部或者业务线进行细分的损益分析。依据第 2 章所讲，业务根据不同的发展阶段大致分为初创期、成长期和成熟期。初创期势必会有亏损，如果亏损程度是公司能够承受的，那么可以考虑继续投入。不过，财务分析师需要测算最大亏损边界，并且持续监控亏损幅度。在分析报告中，除了利润指标，还要监控现金流，对于固定资产投入等大金额、预付性质的项目需预测未来现金流，在计算资金需求的同时，考虑资金来源计划，或是通过自有资金购买，或是通过外部融资以满足资金需求。业务的增长速度同样十分重要，处于成长期和成熟期的业务，在保证一定增速的同时，预算需要设定利润要求，监控利润达成。

财务分析报告的最后一页通常要有观点总结，整理发现的问题、提出的建议、业务待反馈或者需要处理的事项等。如此一来，报告结构就比较完整了。

除了报告本身的结构外，下面讲述几个在报告展示上的排版技巧，供大家参考。

1. 复合图形的制作

前面列举了几种常见的图形及适用的情况。在同一张 PPT 里面，有时会用到两种及以上的图形。如图 3-8 所示，图中主要描述了 2018 年 1 月至 5 月中，某咖啡企业三种咖啡品类的订单数量，同时展示了各月份的门店数量。在呈现各品类订单量的构成时，选择了堆积柱状图；呈现门店数的增长趋势时，选择了折线图，并且门店数量使用次坐标轴进行呈现。图形下方可以添加数据表，标注每种产品或者门店数据的变化。

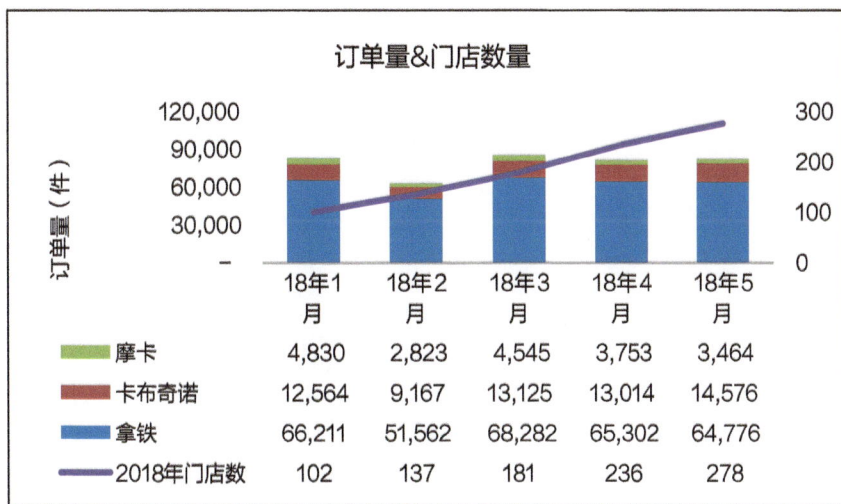

订单量&门店数量

	18年1月	18年2月	18年3月	18年4月	18年5月
摩卡	4,830	2,823	4,545	3,753	3,464
卡布奇诺	12,564	9,167	13,125	13,014	14,576
拿铁	66,211	51,562	68,282	65,302	64,776
2018年门店数	102	137	181	236	278

图 3-8

在 Power BI 中有折线和堆积柱状图的复合图形的可视化模板，可以尝试进行制作，如图 3-9 所示。

图 3-9

但是，如果想要在一张图中呈现更多的数据，比如在已有 2018 年数据的基础上，增加 2019 年同期的门店数和订单量的数据，应该如何呈现呢？可以采用如下的方式构图，既有月份间环比的情况，又有 2018 年和 2019 年相同月份同比的情况，如图 3-10 所示。

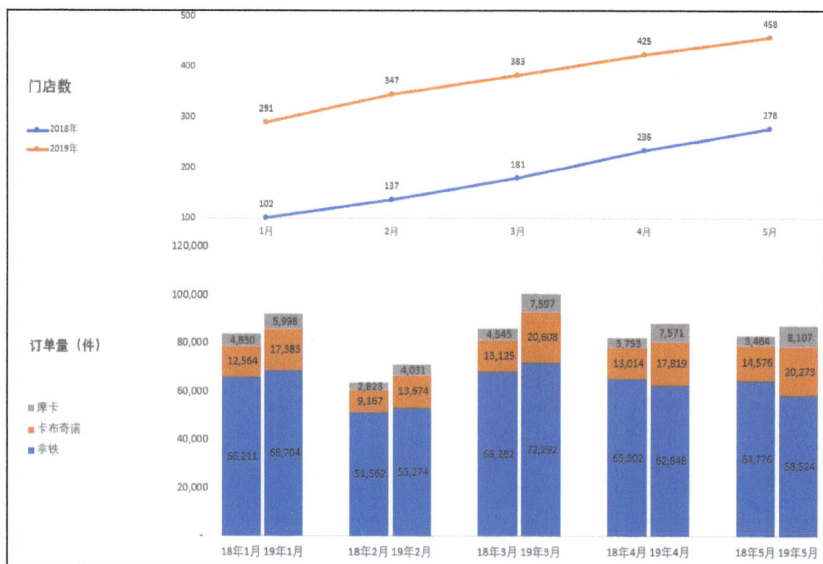

图 3-10

图 3-10 是在 Excel 中制作完成的。Excel 制作这种复杂、需要手动调节的表格相对更加方便。而 Power BI 不能直接调整时间排序，如图 3-11 所示，要想达到图 3-10 的效果只能增加辅助列，就灵活度上，相比于 Excel 稍显逊色。

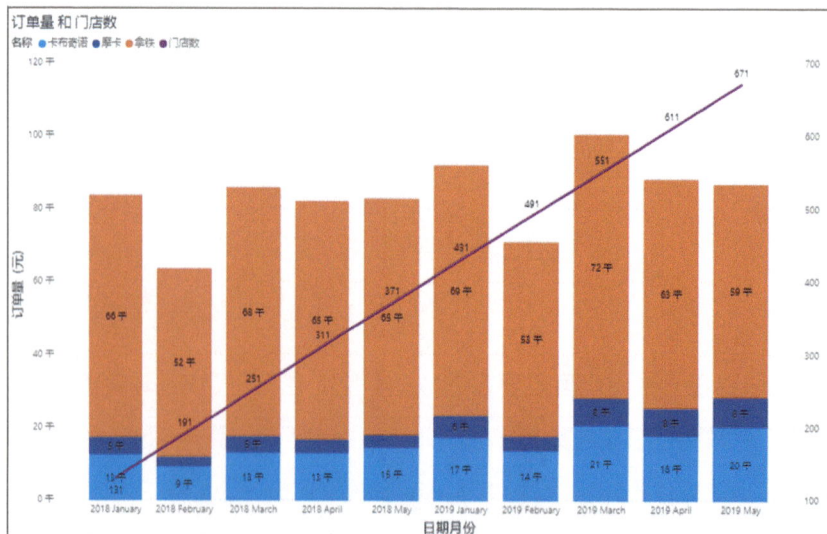

图 3-11

2. 瀑布图及其他图形设计

虽然 Power BI 在制作上述图表的时候灵活度不高，但是在制作有固定图表模板时非常方便。比如，在制作瀑布图的时候，就可以直接套用"可视化"窗格中已有的模型，如图 3-12 所示。

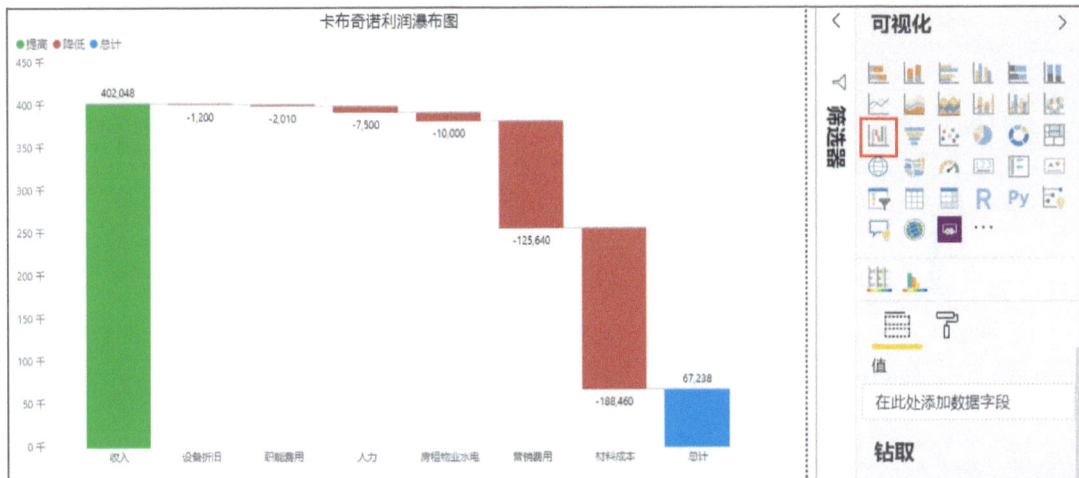

图 3-12

瀑布图用于解释各个因素影响最终结果的数值大小，在财务分析上的应用也非常普遍。图 3-12 中描述了卡布奇诺这款产品的利润影响因素，从左至右依次是收入、设备折旧、职能费用、人力、房租物业水电、营销费用、材料成本。依据一般人对利润表的阅读习惯，材料成本往往紧跟着收入进行展示，所以我们调整图 3-12 的排列顺序，将数据按照收入、材料成本、人力、房租物业水电、营销费用、职能费用等顺序从左至右排列。

首先，在 Power BI 的"主页"选项卡中选择"输入数据"，如图 3-13 所示。

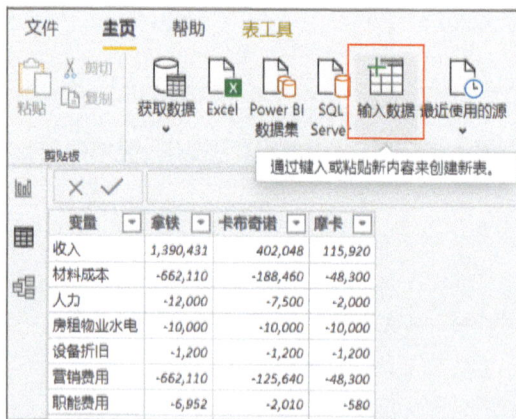

图 3-13

在弹出的空白表中输入"变量"和"顺序"这两列信息，如图 3-14 所示，此顺序即为自定义排列的 *X* 轴顺序。

图 3-14

新建列，输入公式：

顺序 =
RELATED (' 表 '[顺序])

将新建的"顺序"列引用到瀑布图的数据表中，如图 3-15 所示。

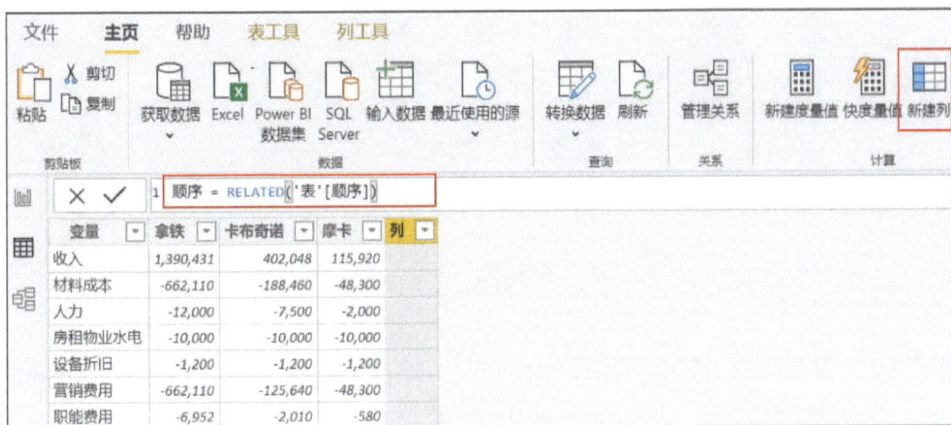

图 3-15

选中"变量"一列，然后单击列工具中的"按列排序"按钮，在下拉框中选择"顺序"，这样"变量"列就可以依据"顺序"列的已设顺序进行排列了，如图 3-16 所示。

图 3-16

回到瀑布图的可视化界面，将鼠标指针移动到图形区域，在图的右下角显示"…"符号即代表更多选项，单击之后可以看到排序方式，选择按照"变量"进行升序排列，如图 3-17 所示。

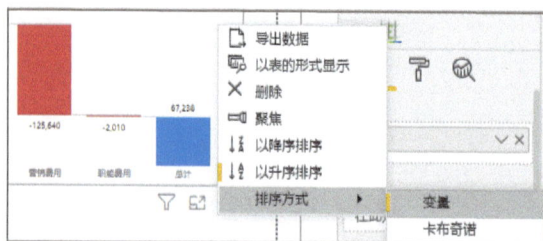

图 3-17

设置完毕，瀑布图的 *X* 轴顺序已经变化，如 3-18 所示。这时，"材料成本"已调整到收入的右侧，而其他数据项也按照之前的设置从左至右排列。

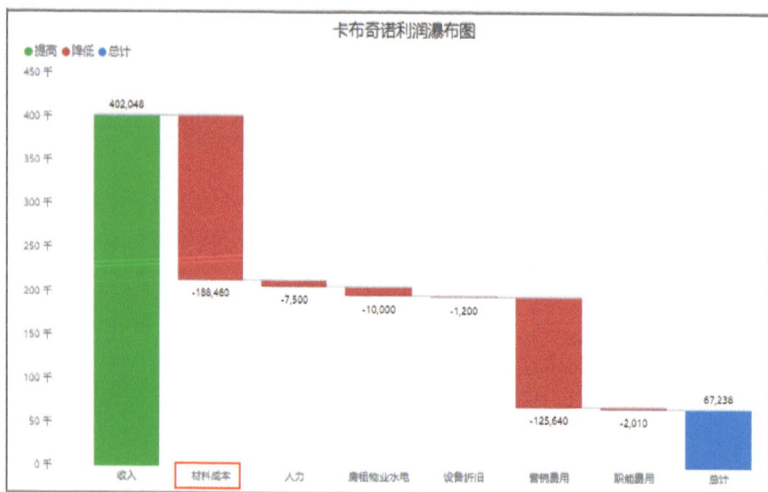

图 3-18

图 3-18 中瀑布图的柱形颜色有不同含义：绿色代表提高，红色代表降低，而最后的利润以蓝色标记。瀑布图可以直观地看到各个因素对于最终结果的影响数值。

在搭建底表时需要注意，各因素反映了对利润影响的绝对值。所以，各单元格的数值应该

是对利润影响的过程值，而不是每个因素的实际值，如图 3-19 所示，对利润有"正"影响的
是正数，有"负"影响的是负数，按照过程值制作底表。

	A	B	C	D	E	F	G	H	I
1	名称	拿铁	卡布奇诺	摩卡		变量	拿铁	卡布奇诺	摩卡
2	收入	1,390,431	402,048	115,920		收入	1,390,431	402,048	115,920
3	材料成本	662,110	188,460	48,300	改为变量值	材料成本	-662,110	-188,460	-48,300
4	人力	12,000	7,500	2,000		人力	-12,000	-7,500	-2,000
5	房租物业水电	10,000	10,000	10,000		房租物业水电	-10,000	-10,000	-10,000
6	设备折旧	1,200	1,200	1,200		设备折旧	-1,200	-1,200	-1,200
7	营销费用	662,110	125,640	48,300		营销费用	-662,110	-125,640	-48,300
8	职能费用	6,952	2,010	580		职能费用	-6,952	-2,010	-580
9	净利润	36,059	67,238	5,540					

图 3-19

除了瀑布图，Power BI 里还有其他不断更新的可视化图表，如图 3-20 所示，在应用商
店中可以搜索到上百种自定义的图表模型。至于怎样合理化地应用这些图表模型，就需要我们
结合具体的数据类型，在平时多加思考，方能灵活运用。

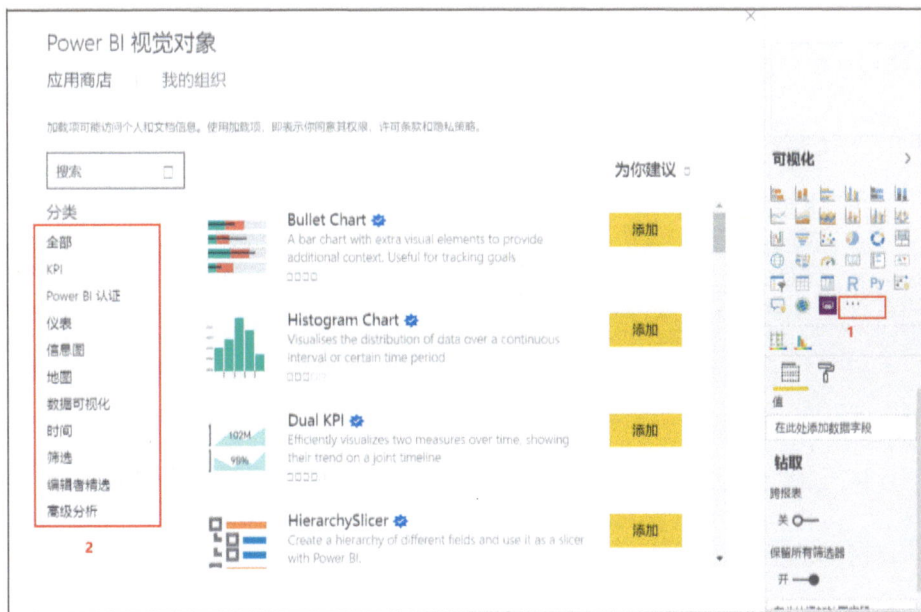

图 3-20

3. 留白

留白是国画中常用的一种表现手法，是指在作画时不能把空间全部占用，要留有一定余地。对于 PPT 的汇报展示来说，亦是如此。如图 3-21 所示，苹果公司的新品发布会中，PPT 常常使用大图、留白、简单的文字表述，突出重点。

图 3-21

不仅仅是整体构图需要留白，在其他方面同样需要。如图 3-22 所示，左侧表格中的字体几乎占满全部的表格空间，让表格显得十分拥挤；而右侧表格中将字体缩小后，在单元格中留了一些空白，就显得更加舒适。

经典咖啡	中杯	大杯	超大杯
焦糖玛奇朵	31	34	37
卡布奇诺	27	30	33
拿铁	27	30	33
摩卡	30	33	36

经典咖啡	中杯	大杯	超大杯
焦糖玛奇朵	31	34	37
卡布奇诺	27	30	33
拿铁	27	30	33
摩卡	30	33	36

（注：图中数字的单位为元／杯）

图 3-22

3.4 可视化效果中的钻取交互

如果财务分析师想在一张图表里看到不同颗粒度的数据，比如年度、月份或者日期间的变化情况，仅仅用 Excel 很难实现，而 Power BI 中有钻取的功能，只要数据的维度够细致，就可以看到不同颗粒度的数据。

如图 3-23 所示，在"可视化"窗格中选择"簇状柱形图"；"可视化"窗格下方的"字段"区域中，将日期拉到共享轴，字段会自动显示日期的层次结构，当在簇状柱形图中进行数据下钻时，可以看到年、季度、月份、日的变化情况。在列序列中选择名称，在列值中选择订单量。

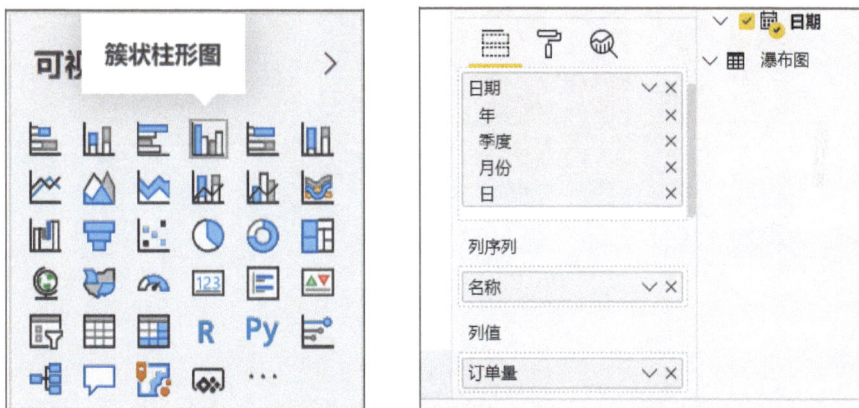

图 3-23

选择数据后，簇状柱形图会显示在可视化区域中，如图 3-24 所示，单击启用向下钻取的"单箭头"，单击图形的某一部分或者单击"双下箭头"，就会跳转到下一级别，进行向下钻取。如果单击"双下箭头"右侧的箭头，可以一次性展开所有子层级。

不仅仅是柱状图，在区域图、树状图中都可以实现数据钻取。

钻取功能可以帮助我们在解释数据波动的影响时，了解数据维度。我们曾在第 1 章里讲到，Power BI 的图表可以内嵌到 Power Point 中。当图形拥有多种层次结构，便可以在 PPT 中进行钻取展示。

订单量（件）

名称 ●卡布奇诺 ●摩卡 ●拿铁

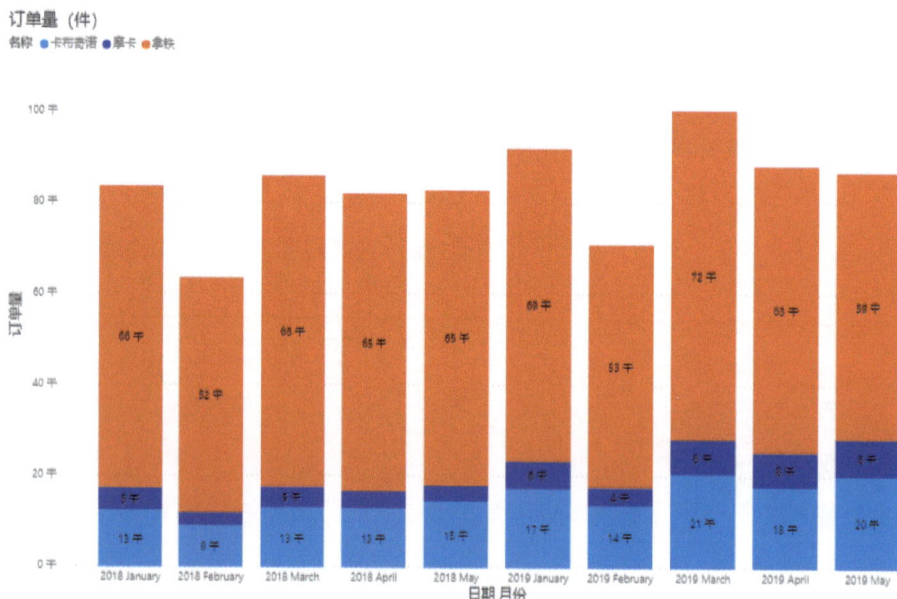

图 3-24

3.5 轻松搞定每月的分析报告

一般而言，财务分析师每月至少制作一次财务分析报告。虽然在报告中，每次需要讲述的问题不同，在数据展示的层面也有不同的侧重点，但是对底层数据的整理其实就是重复劳动。如果能将重复性高的工作进行自动化改进，则可以大大提高制作分析报告的效率。

我们在 2.3 节讲到了使用 Power Pivot 分析财务数据，然后在可视化效果窗格中制作图表。当下一次更新图表时，只需要把底表的数据更新到最新月份，就可以使图表自动更新。然后可以根据当月的分析重点调整图表的展示形式。

在更新底表数据时有两种选择，一种是根据历史数据更新报表的累计值，然后进行可视化分析。这样在可视化效果窗格中添加切片器，选择固定时间，便可以自有查询所有期间的数据。但是这样做的缺点是，随着不断更新底表的数值，Power BI 文件也越来越大。财务分析师的底表数据来源包括但不限于公司的 BI（商业智能）系统、金蝶等财务软件和 Excel 的手工表。如果要制作历史累计的损益表，就要对所有底表数据进行更新。虽然 Power BI 可以处理大量数据，但是在底表的准备上仍会花费大量时间。销售数据在公司的 BI 系统内进行导出，费用明细账则是从财务软件中导出的，数据量大小和每次导出的时间是正相关的，所以要是数据量很大的话，耗费时间肯定非常巨大。

还有一种选择是，将每个月制作的损益表单独保存在一个 Excel 或者 Power BI 文件中，如有分析历史数据的需要，则可以将各月文件导入汇总的 Power BI 模板中，再进行可视化操作。这样既可以得到历史累计数据，又可以避免因每个文件的数据量过大，造成运算时间过长的问题。

在每月的损益表分为不同文件之后，若要导入 Power BI，则可以利用下面介绍的新功能，提高导入效率。

假设财务分析师需要制作 1 月到 4 月的财务分析报告，并且使用 Power BI 制作可视化图表。

首先，从文件夹导入数据，前提是确保每个月的数据已经保存在同一文件夹下的不同文件中。选择"获取数据"→"从文件夹"，选择路径后，在弹出的对话框中单击"组合"按钮，将该文件夹下面的所有文件导入，如图 3-25 所示。需要注意，"组合"功能要求每个表的结构是一致的。

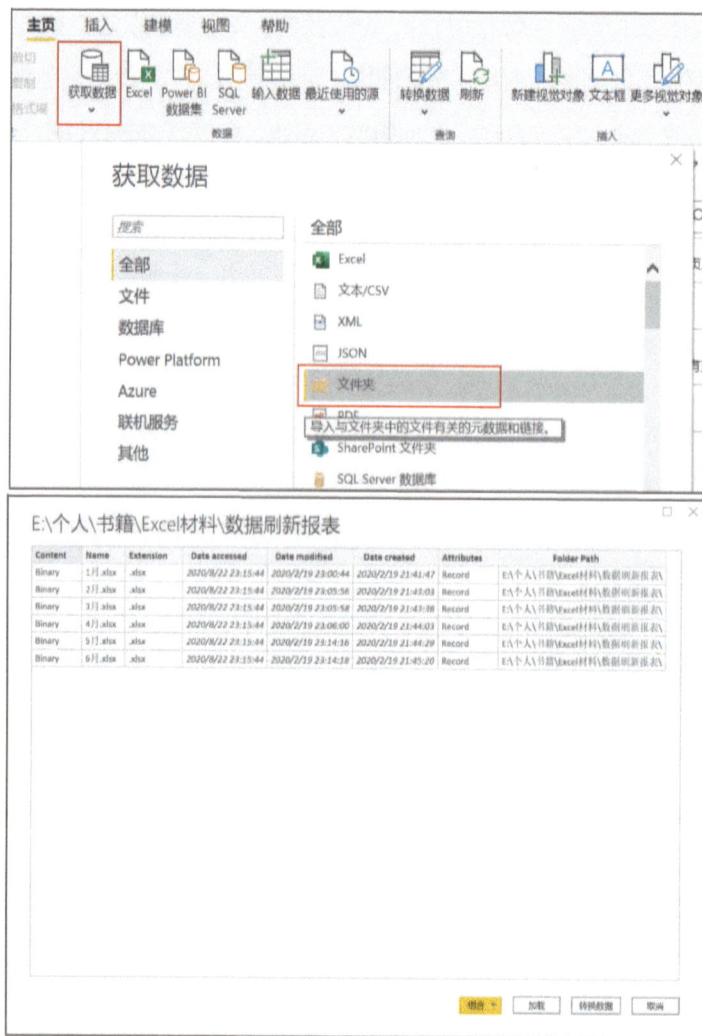

图 3-25

　　加载之后，往往会遇到图 3-26 显示的问题，返回的错误显示为该键与表中的任何行均不匹配。这是因为 1 月到 4 月工作簿对应要合并的 sheet 名称不统一，虽然每个 Excel 工作簿已经导入，但是如果每个工作簿里面要引用的 sheet 名称不一致，那么软件便无法识别，需要采取以下方法解决。

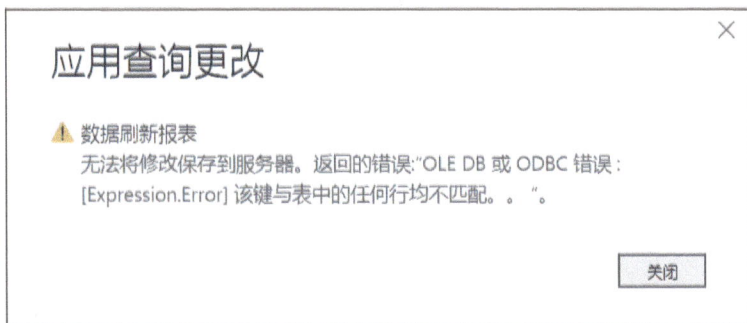

图 3-26

首先，我们选择"编辑查询"，进入查询界面。可以在"应用的步骤"中看到"删除的其他列 1"里的转换文件列出现了"Error"，这说明在合并转换的过程中出现了错误，如图 3-27 所示。

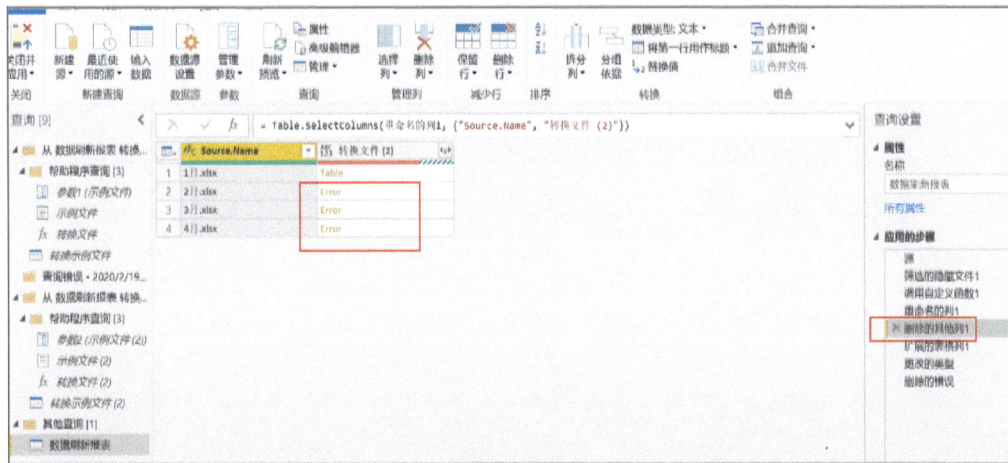

图 3-27

然后，我们选择在左侧查询列选择"转换示例文件"，再单击主页栏的"高级编辑器"按钮后，会显示高级编辑器中的代码，如图 3-28 所示。可以看到，其中一个转换的条件是，Item="1月"，也就是说，Power BI 认为名称是"1月"的 sheet 才可以进行合并。但是 1 月到 4 月的表格有着不同的命名方式，于是我们把 Item="1月"的条件直接删除，然后关闭高级编辑器。

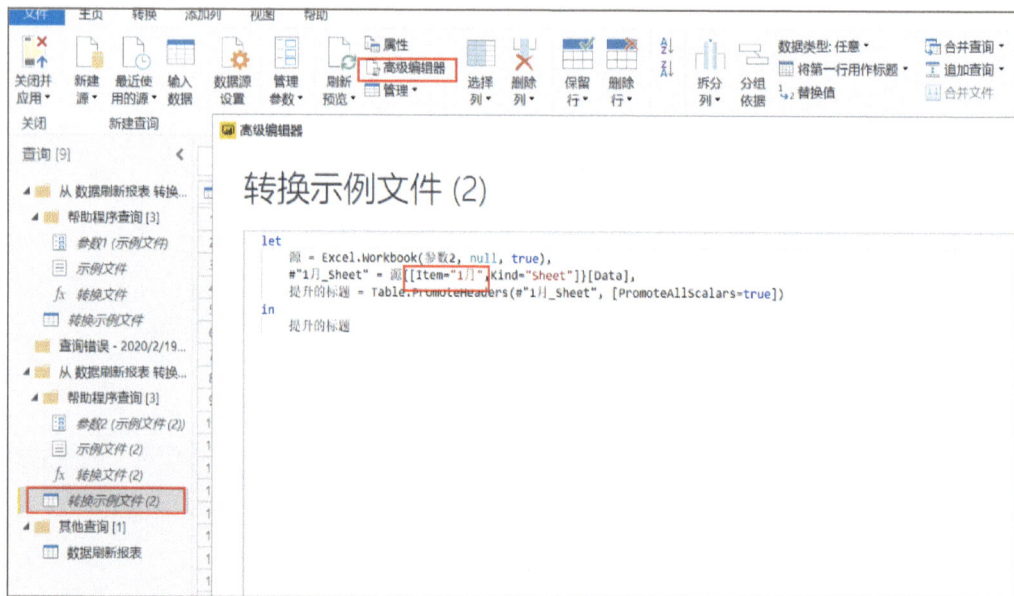

图 3-28

可以发现在"应用的步骤"中"删除的其他列 1"里转换文件列显示 Error 的地方已经得到修正，如图 3-29 所示。最后，单击左上角"关闭并应用"按钮。

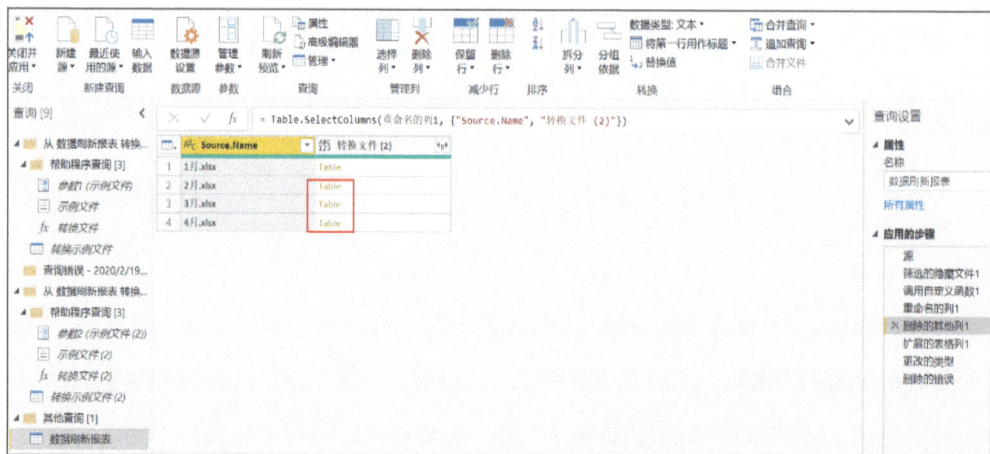

图 3-29

在"主页"选项卡中单击"刷新"按钮，刷新数据，即可完成1月到4月咖啡销售的可视化分析，如图3-30所示。

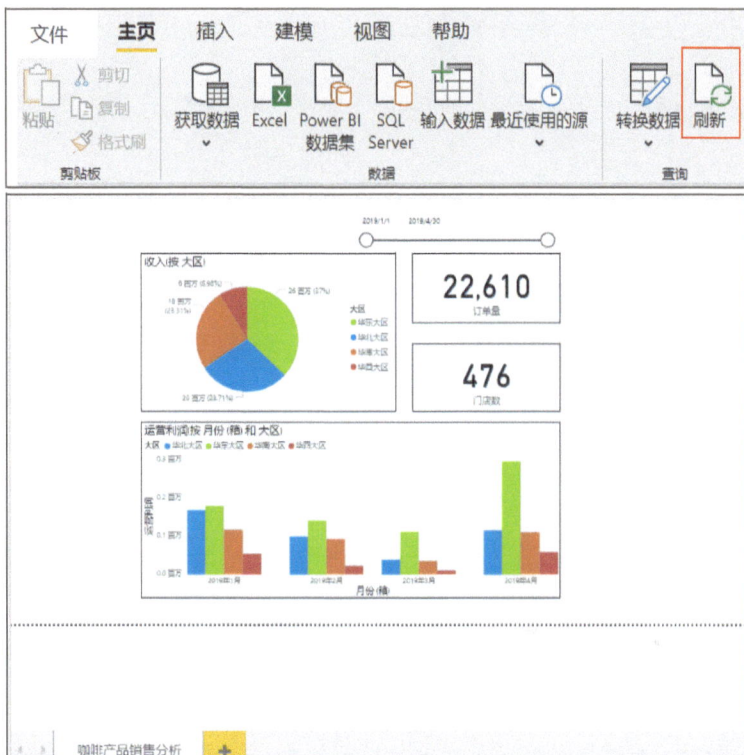

图 3-30

若6月份结束，需要更新1月到6月的累计数据。那么，将5月、6月的数据文件保存至文件夹中，按照前面的方法从文件夹中导入数据，并且"刷新"数据，则可以看到5月到6月的数据已经在可视化效果窗格中自动更新了，如图3-31所示。

我们将上述使用Power BI制作财务分析报告的过程进行总结，流程图如图3-32所示，左侧是我们所需的不同底表，包含销售数据表、渠道对照表和费用明细账等。数据整理之后，制作成一维的损益表，按月份分别保存在Excel或者Power BI文件中。每月如需更新财务分析报告，那么可以在前期可视化图表的基础上，将累计数据从文件夹导入 Power BI，单击刷新按钮，可视化报表即可自动更新成最新数据。

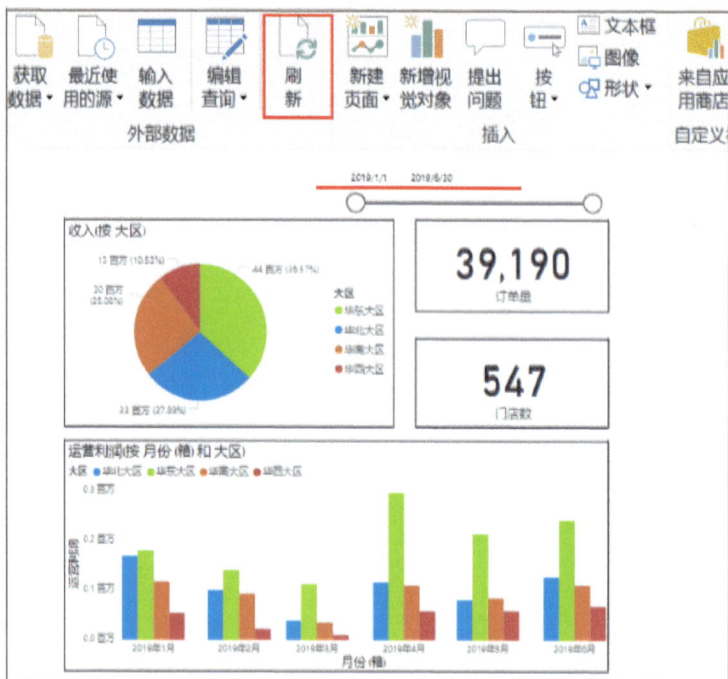

图 3-31

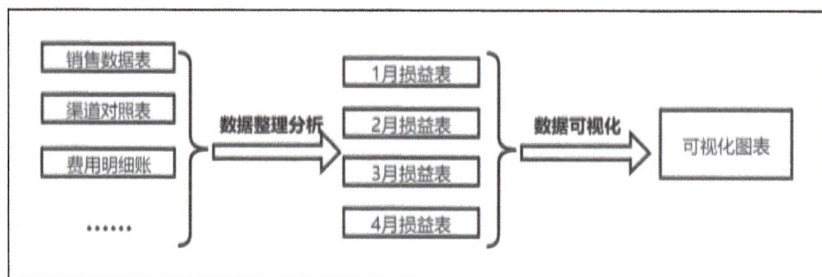

图 3-32

　　分月保存损益表，除了控制表格的大小，还有一个重要原因，那就是匹配财务结算的周期。

财务结算按月进行，每个月的数据也是单独呈现的，所以制作分月的数据和分析报告与呈现的周期是匹配的。

到目前为止，我们已经结合 Power BI 的使用，讲述了财务分析报告的制作和呈现。这是财务分析师日常工作中非常重要的内容。若想成功地完成并汇报一份财务分析报告，首先要保持和业务同事的密切沟通，只有深刻理解业务之后，才能发现经营背后的问题，并且提出合理的改进建议。在沟通的基础上，还需思考报告的呈现方式，结合合适的图表，将故事讲述清楚。最后，将月度的分析报告自动化，减少重复工作的时间，把更多的时间用于了解业务、监控风险等更有价值的事情上。

第 4 章
财务风险控制

电商事业部的负责人方总找到小黑说："小黑，我想改变一下我们的业务模式。由于我们一直以来做的都是买断业务，买过来再卖出去就得交税，成本太高。看能不能做撮合交易，只在买家、卖家中间收取佣金，这样模式也轻，你看财务上有什么风险没有？"

小黑也拿不定主意，于是说："涉及资金上是否合规，这样，我问一下负责资金、税务和法务的人吧，流程上看能不能行得通。"

然后，小黑跑到了负责资金的同事小美那边把这个事情跟她讲了一下。小美说："如果是做撮合交易的话，需要在平台上开设第三方账户，因为资金是不能直接经过我们的账户的，需要有第三方将上下游的买卖双方和平台绑定，到了中间账户之后进行资金的分配。所以，整个产品流程需要重新开发。"

小黑觉得工作量会很大，于是又询问了税务经理吕总的意见。吕总说："根据增值税条例，'销售代销货物'视同销售行为。我们做撮合交易的话，会有代销的性质，在税务认定上还是可能会被认定为买断交易。不过，如果在资金流转中，交易款通过第三方账户流转，那就可以。那么，负责给下游开票的义务就属于卖家，同时作为撮合交易的平台方，我们还需要监管卖家开票，这块也需要搭建系统进行监督。"

法务小王这时候补充道："如果是我们自己卖货，我们对于货物品质会更容易控制，但是有些物品销售要取得经营资质。如果是做平台，撮合双方交易，就需要监控品质和类目是不是符合法律规范的。比如，书籍上架的话，就需要严格控制品类、质量，不能触及法律红线，这在监管上需要花费很大的力气。如果我们的系统不够完善的话，那么不建议立即进行这块业务。"

小黑对这个问题进行了整理，反馈给了方总，建议对目前的系统流程进行改造。

方总："原来这么复杂呀！看来短时间内上线不了这个业务，我们先跟产研部门那边沟通一下目前系统的情况。"

小黑："好的，业务方和产研部门沟通之后，也可以一起跟我们负责资金、税务、法务的同事开会讨论这块业务的系统改造问题。"

在以上案例中，小黑虽然不了解各个环节的风险是怎样的，但是他通过跟各个岗位的同事沟通，了解到了资金风险、税务风险和法律风险，从而对于能否开展新的业务给出了建议，这一系列的工作涉及风险控制的内容。

很多公司内部都会有内部审查或者内部控制（以下简称"内控"）的岗位，而财务分析师虽然不是一个专职做内控的岗位，但是工作中仍旧会接触到内控的工作，而且需要和其他岗位密切配合，去完成风险控制的流程。财务分析师未必对所有的风险都能发现，但是经过跟各岗位同事的沟通询问，最终能得出对业务风险的判断结论。而这也说明，财务分析师需要去了解法务、税务等知识，并结合实际工作进行应用。正如上述案例讲述的那样，内控会涉及财务、法律、税务等很多风险，本章将会结合财务分析师平时的费用审批工作，讲述在工作中遇到的主要风险。

财务工作本身就是一个发现风险并进行控制的岗位。当财务工作人员在看财务系统的费用明细账时，费用就已经发生并被录入财务系统中了。而这个时候再评估费用发生的合理性为时已晚，所以需要将财务的"手"向前伸，把控制的时点提前到采购付款之前。财务分析师能够预见到费用发生的最早时间应该是在做预算或者预测之时，由业务部门规划未来费用的花费情况，在了解并确认合理性之后，再放入确定的计划之中。等到业务部门实际需要花费费用时，提请采购流程、合同审批流程和付款流程等，审批通过之后付款。如果出现实际操作和预算计划不一致的情况，在业务部门提请采购流程的时候就应当加以限制。可以讲，财务分析师在日常工作中非常重要的一部分工作内容便是审批成本、费用的支出，以及优化流程。

4.1 费用审核中的风险

在财务分析师进行费用审批时，往往会遇到各种各样不合规的问题，对于公司经营会有或大或小的危害。在审批时需要抓大放小，保证风险在可控范围内。就像审计中的重要性水平，在不同重要性水平的情况下，实施的控制程序不同，而费用审核中的风险主要有以下两项：

1. 费用是否合理

每一项成本、费用的发生都有其原因，至于是否合理，需要在审批过程中进行了解。通常，根据收款人类型的不同，可以把费用分为两种单据，个人报销单和对公付款单。个人报销单是付给员工的，主要发生于日常的交通、差旅；而对公付款的对象是外部的公司，用于采购公司经营的物料、设备和其他物品。

个人报销的金额一般较小，发生比较频繁，按照公司政策，可以将费用拆分为不同标准和适用人群。审核的时候确定每个人是否符合公司报销政策，是否在标准金额内，是否票据齐全。

对公付款的金额往往很大，不像个人报销，要有严格的采购流程。开始时，业务部门提出采购申请，申请之后采购部门进行供应商比价、竞标，最后选中供应商。然后进行合同审批、盖章，最终才是对公付款流程。

审核采购申请的时候，要跟预算进行比较，判断金额大小是否在预算之内，保证规范使用，防止预算超支。另外，要了解费用发生的合理性，是否是一次性购买、结算周期有多久、合作期是多久，是否需要摊销费用。会计准则中规定，费用的入账按照权责发生制设置，和实际付款节奏有所差异，可能实际付款是一次性支付，但是入账时按照发生期间进行分摊。财务分析师每个月都需要进行财务预估，了解费用的性质和构成，也能在进行预估时提高准确性。

2. 流程是否合规

在审批流程中，财务分析师往往会根据不同的金额判断需要到哪一级别领导的审批，这是在流程上防范风险。金额的大小不同，所带来的风险不同，所以对于金额大的单据，就需要设置更高级别领导的审批。在实际操作中，还要防范"拆单"的问题。假设我们设置金额在10 000 元及以上的单子需要一级部门负责人审批。有些人在报销的时候发生了 10 000 元的费用，但是通过分开两张发票，写在两张报销单中进行报销，这样审批流程就不会流转到一级部门负责人，从而使流程简化，对于提报人来说可以更快地拿到报销款。但是这种情况在财务审核上是不允许的，因为本来是相同的一件事情，而且总金额已经到达了一级部门负责人审批的级别，但是通过拆成两单，导致了流程简化。如果因此规避了审批，那么在内控上就起不到原本金额设置的效果了。

即使付款金额相同，对于不同事项的申请会有不同的流程设置。比如个人报销 5000 元出差费和对公付款购买 5000 元的电脑在流程上是不同的，后者涉及采购流程，应判断采购是否需要进行招标，筛选供应商。虽然单次采购电脑的金额为 5000 元，并不是很高，但是公司未必只进行这一次采购。如果选定一家长期合作的供应商会获得更高的采购折扣，对公司而言是非常划算的。而对于这类长期合作的供应商是否有必要进行招标，要视采购计划和一段时期内的采购金额而定，不能仅仅只看某一次的采购金额。如果是日常发生的办公物品采购，以一年为限去判断采购金额较为合适。

4.2　找到风险管理的抓手

无论财务分析师在内部控制或者经营上识别到什么风险，关键在于找到解决的"抓手"。如果是可以定量的风险，财务分析师就可以通过相应的数据进行定量监控。如果是不容易定量的风险，财务分析师也可以间接通过其他指标进行监控，或者建立合理的审批流程，将风险控制在合理的范围内。尽管风险无法完全消除，但是我们可以在平衡风险大小和防控成本的同时，找到合理的目标值，进而完成风险管理。

A 公司是一家零售行业的企业，公司在全国都开设了线下门店，主要经营 IT 数码产品的销售。A 公司的原材料采购合同即将到期，续约时 B 供应商提出对某些条款进行修改。B 供应商认为 A 公司由于负债过高，违约风险高，要求提高违约金的金额，同时将之前约定的"合同签订后预付 20% 的货款"调整为"合同签订后预付 50% 的货款"。恰巧 B 供应商是一家对A 公司非常重要的合作伙伴，A 公司只能被动接受对方的要求。然而，违约金的提高、付款时限的收窄，会提高 A 公司的违约风险，但是具体违约的可能性有多高，并不能通过简单的计算得出，实际情况与 A 公司的经营状况有关。假设公司明年产品滞销，那么会导致生产缩减，从而企业对原材料需求下降。但是对于已经预付款项的原材料来讲，如果继续生产这批产品导致的边际亏损比支付违约金的成本更低，那么从成本控制的角度看，公司此时应当继续生产销售；而若继续生产带来的边际亏损高于支付违约金的成本，那么应当直接支付违约金，除非公司为了维护声誉和未来合作仍选择生产。

既然违约风险的可能性不能直接确定，那么可以从制度上对业务部门进行约束。一方面监控已购原材料的周转情况，如果存在长时间完不了工或者库存产品时间过长的问题，那么应该按照公司规定计提减值准备，从而反映在财务分析报告的数据中，从上而下地催促业务部门尽快销售。另一方面，可以限制业务部门的单次采购金额。虽然采购次数增加会带来更多的运输成本，但是这种按次产生的运输费用一般小于因违约或者滞销而导致的亏损。综上，这种风险控制的方式通过监控材料周转速度，间接监控公司违约的风险，规范采购流程，限制采购金额上限，将风险控制在可控范围内。

原材料周转只是监控风险的一个环节，很多时候还需要财务分析师对门店的各项收入、成本、费用进行整体监控。对于零售行业来说，各个门店的销售数据会受到人流量、营销手段和房租人力等成本的影响，这要求财务分析师建立完整的监控体系，判断门店业绩是否产生异常波动，或者发生不合理的支出。通过发现问题，然后寻找问题的原因，进而找到解决方法。通常，业务部门也会对门店业绩、毛利等情况进行监控，而在财务分析师介入之后，可以帮助业务部门了解整个供应链中业务的利润情况，帮助业务人员全面了解门店的损益。下面我们利用 Power BI 建立模型并进行系统性分析。

如图 4-1 所示，该表是各门店财务数据的一维表。下面，将其导入 Power BI 中。

门店名称	城市	区域	开业时间	闭店时间	订单量	收入	成本	毛利	优惠券费用	券后毛利	税	门店费用
门店1	深圳	华南	2017/8/20		608	749,842	596,957	150,884	20,198	130,686	15,973	25,558
门店2	北京	华北	2018/11/19		647	707,669	553,116	152,552	19,216	133,336	15,073	12,385
门店3	重庆	华西	2017/11/21		745	706,577	534,173	170,403	18,006	152,396	15,049	47,414
门店4	郑州	华北	2018/12/22		507	627,835	492,010	133,824	21,436	112,388	13,367	4,651
门店5	北京	华北	2018/11/28		517	623,109	483,301	137,807	16,969	120,838	13,266	30,065
门店6	重庆	华西	2017/9/30		616	613,119	482,624	128,494	16,105	112,390	13,053	43,797
门店7	成都	华西	2017/9/13		666	608,961	462,738	144,222	16,694	127,528	12,964	57,617
门店8	深圳	华南	2017/8/21		526	581,486	460,429	119,056	16,880	102,176	12,377	10,984
门店9	广州	华南	2018/4/2		550	556,111	435,441	118,669	14,592	104,077	11,835	25,902

图 4-1

利用"从文件夹导入"功能，将分月的损益表导入：在"主页"选项卡中单击"获取数据"按钮，在弹出的对话框中，选择"文件夹"，单击"连接"按钮，如图 4-2 所示。

财务分析师在衡量店铺业绩是否达标的时候，首先要寻找标杆，而预算是可以参考的标准值之一。不过，预算的目标在设立时比较笼统，不会细分到每个门店，而是在每个月末业务部门制定下个月目标时才会细化。对于分析师来讲，这个目标就是基于当时时点的预测。而这个细化的目标可能与预算值有些出入，因为业务一直在发展，尤其是互联网行业同比或者环比的增长速度往往非常快。当业务部门基于当月的时点去预测下月的情况时，肯定要比年初预测得更加准确。在细化的目标下发到各个门店之后，各个门店根据自身情况展开经营。表现突出的门店往往也会被视为榜样，作为其他门店学习和改进的标杆。所以，在监控业绩达成时，依据业务部门制定的下月目标则更贴近实际，并且将业绩表现突出的门店作为参考标准，优化其他门店的经营。但是要注意，业务部门下发的业绩目标如果比预算目标低，则需要推动业务部门思考如何弥补预算的缺口，最终保证达成年度或者半年度预算。

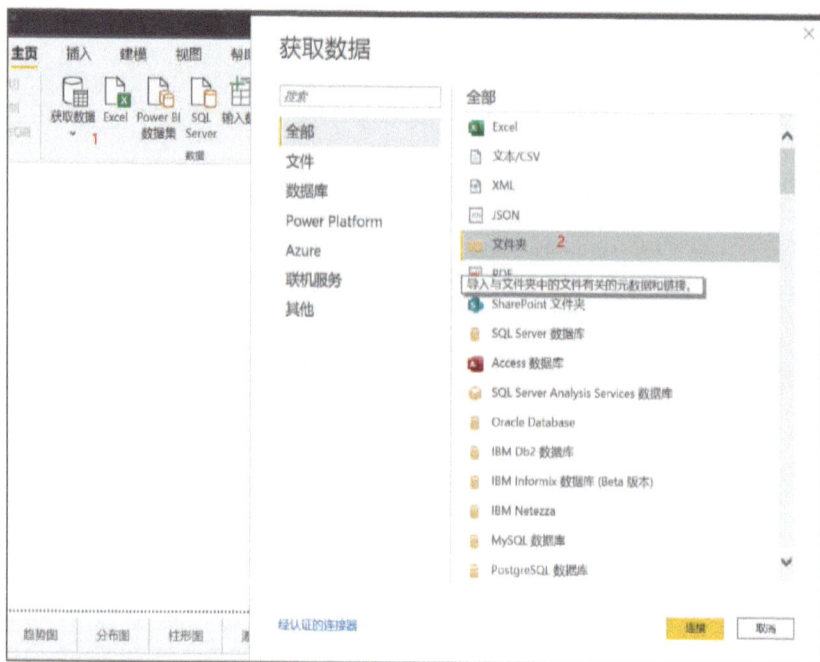

图 4-2

本案例中没有预测的业绩目标值，所以仅将业绩前 10 名门店的数据作为参考标准，分析整体业绩和利润达成，针对表现不足之处进行改善。建立模型的主要思路是，首先通过建立度量值，抓取排名前 10 名的门店销售数据，然后比较前 10 名门店的业绩在整体业绩中的影响，分析业绩变动的主要原因。之后，建立毛利率指标的度量值，比较不同业绩门店的毛利率情况，判断门店是否在业绩增长的同时保持了良好的毛利率。最后，从费用率角度分析主要费用对利润的影响程度，讨论业绩较差的门店应当如何优化门店费用。

1. 业绩和毛利分析

（1）业绩分析

首先，需要用到 TOPN 函数，选取指定数据的前几行，表达式为：

TOPN (N_VALUE, 表 , [表达式], [升序 or 降序])

函数中第一个参数为选择排名前几位，第二个参数是提取数据的表，第三个参数是用来排序的度量值列，最后一项的升序或降序是排列顺序，为可选项，默认是降序排列。函数返回的是一张选定前 N 行的表。

本例中，所需的 TOPN 函数公式为：

TOPN(10, ' 门店信息表 ', ' 销售数据监测模型 ' [销售收入])

其中，"门店信息表"是每个月门店信息的对照表，如果有新的开店或者闭店数据，则需要不断更新表的数据。上述公式还有一种书写方法——利用 VALUES 函数。

VALUES 函数的表达式为 VALUES(' 表 '[列])，返回由一列构成的一张表，该表来自所选列的非重复值。该函数经常被用于筛选不重复列并生成一张虚拟表。而 TOPN 函数，以及之前讲过的 CALCULATE 函数，则都可以嵌套 VALUES 函数。

比如上面的公式可修改为：

TOPN(10,VALUES(' 销售数据监测模型 '[门店名称]),' 销售数据监测模型 '[销售收入])

注意 TOPN 函数中的表达式部分，要用度量值而不能直接用 SUM()，两者的结果是不同的，使用度量值会调出前十家门店的销售收入并求和，但是使用 SUM() 默认会按照表中全部数据求和。通过创建上述公式，获得含有前 10 名业绩的门店数据表。

仅仅获得前 10 名业绩的门店数据表是不够的，如果要分析业绩数据，则需要对前 10 名门店的业绩进行抓取、求和。所以在"建模"选项卡中选择"新建度量值"，如图 4-3 所示。

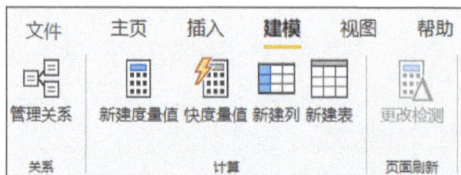

图 4-3

创建以下两个度量值，度量值公式如下：

前 10 名门店的业绩 =
CALCULATE (
   '销售数据监测模型'[销售收入],
    TOPN (10, VALUES ('销售数据监测模型'[门店名称]), '销售数据监测模型'[销售收入])
)

前 10 名门店业绩占比 =
DIVIDE ('度量值'[前 10 名门店的业绩], '销售数据监测模型'[销售收入])

如图 4-4 所示，在"报表"界面的"可视化"窗格中选择"折线和堆积柱状图"。创建 1 月到 6 月数据的折线和堆积柱状图，其中堆积柱状图展示的是销售收入和门店利润，折线图展示的是前 10 名门店业绩占整体业绩的比重。可以发现，在前 10 名门店业绩占比下降的月份中，整体的收入值大多是提高的，而占比提高的月份里，整体的收入值降低，说明非头部门店对于整体业绩涨跌有着很强的影响。这个也不难理解，因为排名靠后的门店数量多，对整体的影响自然就大。

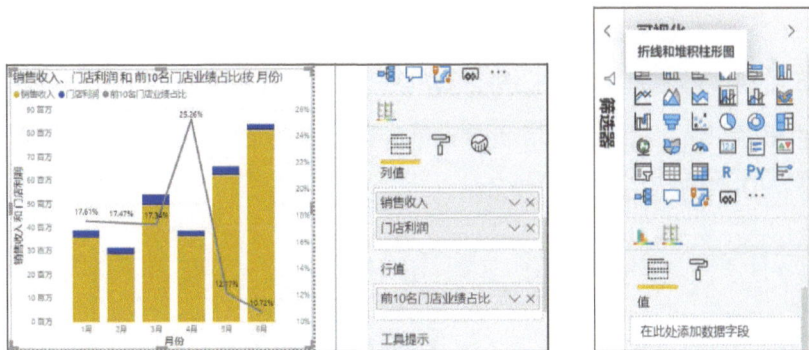

图 4-4

下面，比较前 10 名门店业绩、整体业绩和最后 10 名门店的业绩优劣，为了去除门店数量的影响，选用单店业绩进行分析。

创建度量值函数如下：

前 10 名单店业绩 = DIVIDE (' 度量值 '[前 10 名门店的业绩],10)

整体单店业绩 =
DIVIDE (' 销售数据监测模型 '[销售收入], DISTINCTCOUNT (' 销售数据监测模型 '[门店名称]))

最后 10 名门店的业绩 =
CALCULATE (
　 ' 销售数据监测模型 '[销售收入],
　 TOPN (10, VALUES (' 销售数据监测模型 '[门店名称]), ' 销售数据监测模型 '[销售收入], ASC)
　)

最后 10 名单店业绩 = DIVIDE (' 度量值 '[最后 10 名门店的业绩],10)

将上述三个单店业绩度量值加入区域图，如图 4-5 所示，红框标记的折线是整体单店业绩趋势，在 3 月到 6 月之间，单店业绩略有下降，但是图 4-4 中显示整体业绩是增长的，由于整体业绩 = 单店业绩 × 店数，那么整体业绩的环比增长的原因是由于门店数量增长。下面构建单店业绩和门店数度量值做进一步分析。

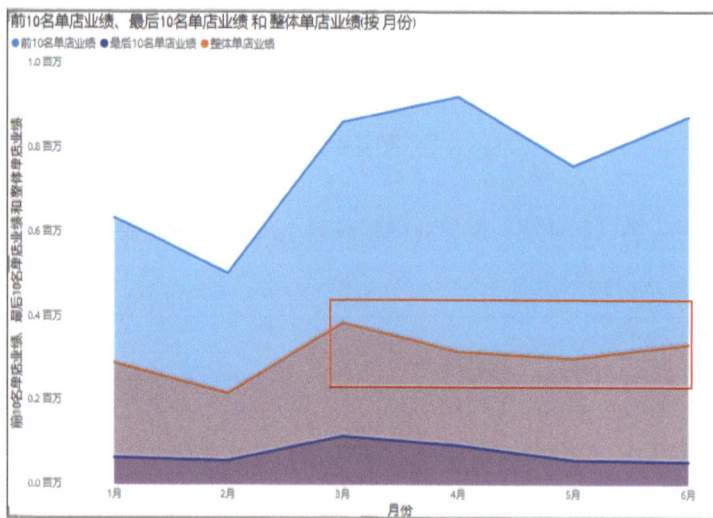

图 4-5

为了分析门店数环比增长率，新建度量值如下：

门店数 =
DISTINCTCOUNT（'销售数据监测模型'[门店名称]）

门店数环比增长率 =
DIVIDE（
　　'度量值'[门店数]，
　　CALCULATE（[门店数]，DATEADD（'销售数据监测模型'[日期]，-1，MONTH））
）-1

为分析环比增长变化，新建业绩环比增长率度量值：

业绩环比增长率 =
DIVIDE (
　'销售数据监测模型 '[销售收入],
　CALCULATE ('销售数据监测模型 '[销售收入], DATEADD ('销售数据监测模型 '[日期], –1, MONTH))
　) – 1

新建单店业绩环比增长率度量值：

单店业绩环比增长率 =
DIVIDE (
　[整体单店业绩],
　CALCULATE ([整体单店业绩], DATEADD ('销售数据监测模型 '[日期], –1, MONTH))
　) – 1

　　门店数和整体业绩的环比增长率类似，分别建立度量值，如图 4-6 所示，可以看到单店业绩和门店数的增长对于整体业绩增长的影响程度。其中 4 月到 6 月，代表门店数增长的蓝色虚线在黄色的单店业绩增长线之上，而且门店数环比增长率几乎与业绩环比增长率重合，说明 4 月到 6 月的业绩增长主要来自门店数增长，而单店业绩提升有限，并且 4 月到 5 月的单店业绩增长为负。因此需要与业务部门讨论，如何解决单店业绩增长缓慢的问题。

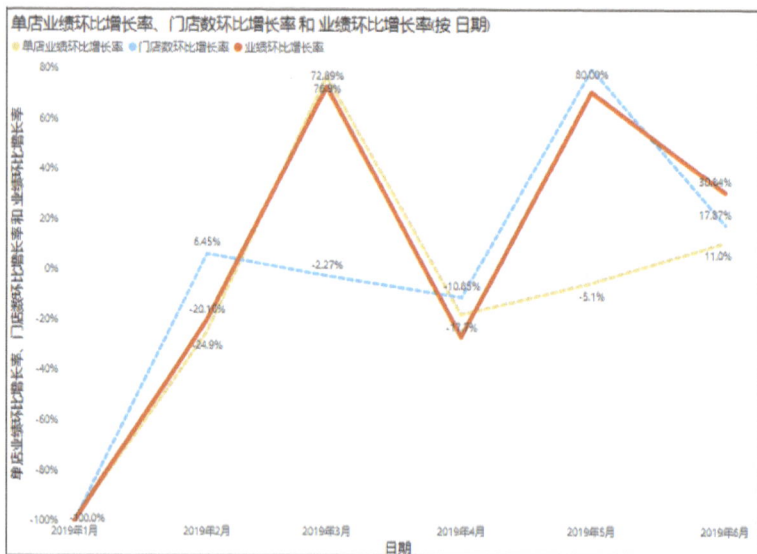

图 4-6

以环比增长率度量值为例，由于公式嵌套较多，在书写或者阅读时都不是很方便。推荐使用 VAR 函数，提高可读性。这个函数相当于给变量命名，命名之后就可以替代要写的函数了，比如，上述单店业绩环比增长率可以写成如下格式：

单店业绩环比增长率 =
VAR sales = [整体单店业绩]
VAR saleslastmonth =
　　CALCULATE（[整体单店业绩], DATEADD（'销售数据监测模型'[日期], –1,
MONTH））
RETURN
　　DIVIDE（sales, saleslastmonth）– 1

VAR 命名了函数，RETURN 相当于输出命名函数，我们可以直接引用新命名的函数建立度量值，上述公式中首先定义单店业绩和对应上月的单店业绩，然后输出环比增长率结果。

（2）毛利分析

根据公式可知：

$$毛利 = 收入 - 成本$$

其中成本包括采购成本、随销售发放的优惠券等折扣。下面进行毛利率分析，分别建立前 10 名门店、后 10 名门店和整体门店的度量值如下：

毛利求和 =
SUM（ '销售数据监测模型 '[券后毛利] ）

前 10 名门店的毛利率 =
DIVIDE（
  CALCULATE（
    '度量值 '[毛利求和],
    TOPN（ 10, VALUES（ '销售数据监测模型 '[门店名称] ）, '销售数据监测模型 '[销售收入] ）
  ）,
  '度量值 '[前 10 名门店的业绩]
）

后 10 名门店的毛利率 =
DIVIDE（
  CALCULATE（
    '度量值 '[毛利求和],
    TOPN（ 10, VALUES（ '销售数据监测模型 '[门店名称] ）, '销售数据监测模型 '[销售收入], ASC ）

```
    ),
    '度量值'[最后10名门店的业绩]
)
```

整体门店的毛利率 =
DIVIDE ('度量值'[毛利求和], '销售数据监测模型'[销售收入])

如图 4-7 所示，图中分别是前 10 名门店的毛利率、最后 10 名门店的毛利率和整体门店毛利率折线，趋势基本一致。据观察，4 月到 6 月中业绩差的门店毛利率反而更高。猜测原因，有可能是门店在业绩不好时把成本控制在了相对合理的水平。但是反过来想，也有可能是业绩高的门店在冲刺高业绩的同时，牺牲了大量的毛利，因而前 10 名门店有着过低的毛利率。财务分析师需要提示业务部门就门店毛利率低展开更细致的分析，比如细化到商品型号、商品价位等维度。

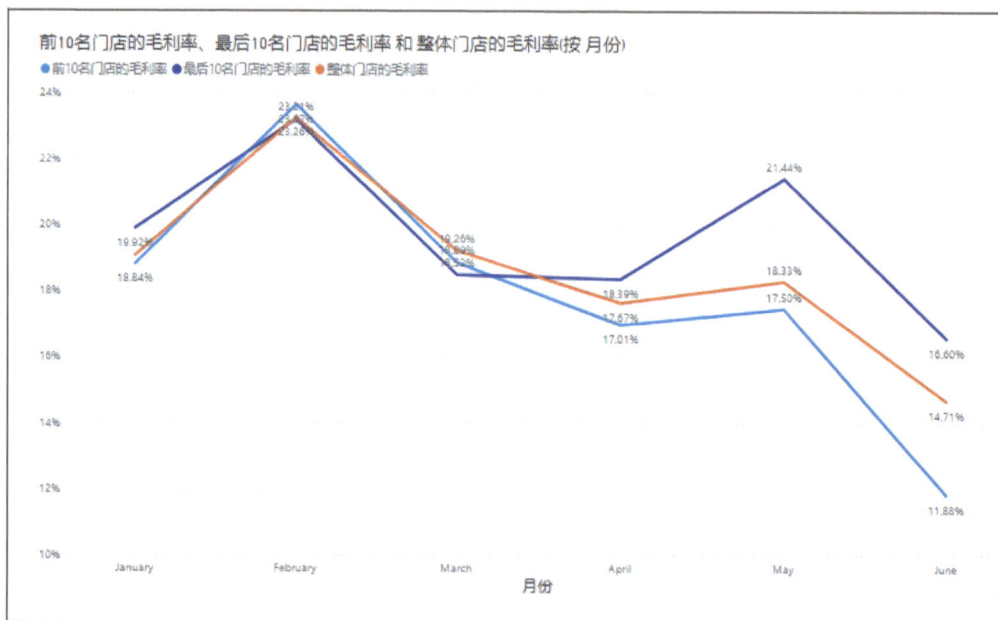

图 4-7

2. 费用和利润分析

门店利润构成如下：

门店利润 = 收入 − 成本 − 税 − 门店费用

刚刚在上文已经分析过业绩和毛利。另外，由于税率是固定不变的，在分析利润达成时，一般不会再单独分析税率影响，所以下面主要分析门店费用。而在门店费用中，薪资、房租和装修费用是最主要的费用项，下面我们将依次分析这 3 个费用项对利润的影响。

由于不同门店的业绩规模不同，费用的绝对值也会有差异，以简单的逻辑去理解，一线城市的人流量和购买力比二三线城市高，这会带给在一线城市的门店更多的业绩，但是同时房租自然也会更高，所以在比较不同门店的费用时，无法直接比较绝对值，而是参考相对值，也就是费用率（费用 / 收入）指标。分析前 10 家门店、最后 10 家门店和整体的单店费用率。以前 10 家门店的单店房租费用率为例，结合 VAR 函数，创建度量值如下：

前 10 家门店的单店房租费用率 =
VAR top10sale =
　CALCULATE (
　　' 销售数据监测模型 '[销售收入],
　　　TOPN (10, VALUES (' 销售数据监测模型 '[门店名称]), ' 销售数据监测模型 '[销售收入])
　　)
VAR salesperstore =
　DIVIDE (top10sale, 10)
VAR rentperstore =
　DIVIDE (

```
CALCULATE (
    ' 销售数据监测模型 '[ 房租求和 ],
        TOPN ( 10, VALUES ( ' 销售数据监测模型 '[ 门店名称 ] ), ' 销售数据监测模型 '[ 销售收入 ] )
    ),
    10
    )
RETURN
    DIVIDE ( rentperstore, salesperstore )
```

其中，使用 VAR 函数分别建立单店房租度量值（rentperstore）和单店收入度量值（salesperstore），返回两者相除的结果，得到前 10 家门店的单店房租费用率。

当 DAX 代码比较简单的时候，可以将公式全部写在一行里，不需要特别注意格式。但是，当代码较长的时候，就需要注意分清层次结构，比如上述的单店房租费用率度量值的公式非常长，如果将公式写在一行里，便不利于阅读。

设置层次结构时需要进行递进和换行操作，使用的快捷键如下：

换行后缩进： Shift+Enter 组合键

换行后不缩进：Alt+Enter 组合键

按照相同的方法创建所有门店和最后 10 家门店的房租费率度量值，在"可视化"窗格中选择"簇形柱状图"，将"前 10 门店房租费率""整体房租费率""后 10 门店房租费率"三个度量值加到"字段"区域的"值"维度，如图 4-8 所示。

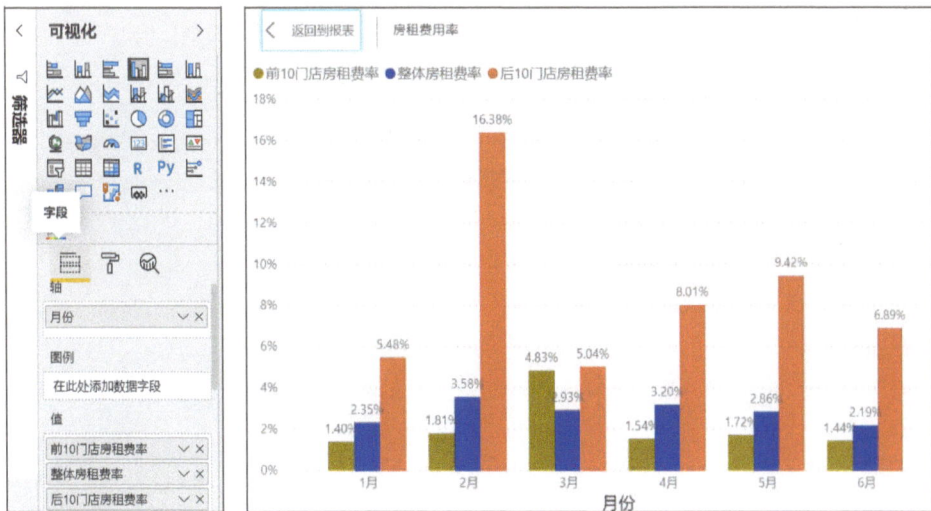

图 4-8

参考房租费用率的公式，分别建立单店装修费用率、单店薪资费用率和单店利润率，并分别建立柱状图，筛选 6 月的利润率，如图 4-9 所示。

其中，最后 10 家门店较整体门店利润率低 12.3 个百分点，并且整体利润率比前 10 家门店高，说明处于中等水平的门店利润率更高，利润水平更健康，但是中等门店的装修费率偏高，需要着重了解原因。另外，最后 10 家门店较整体门店房租费用率高 4.7 个百分点，单店薪资费用率则高 9.3 个百分点，是利润率差异的主要来源。

针对房租来说，最后 10 家门店选址的租金较其收入规模来讲偏高，有且不仅限于两方面原因：

（1）门店的经营状况确实很差。门店人员业务能力不达标，或者该门店附近有其他竞争对手，这些都会使门店业绩变差。面对这些问题，需要向管理层反映问题，及时采取改进措施，提高业务效率。

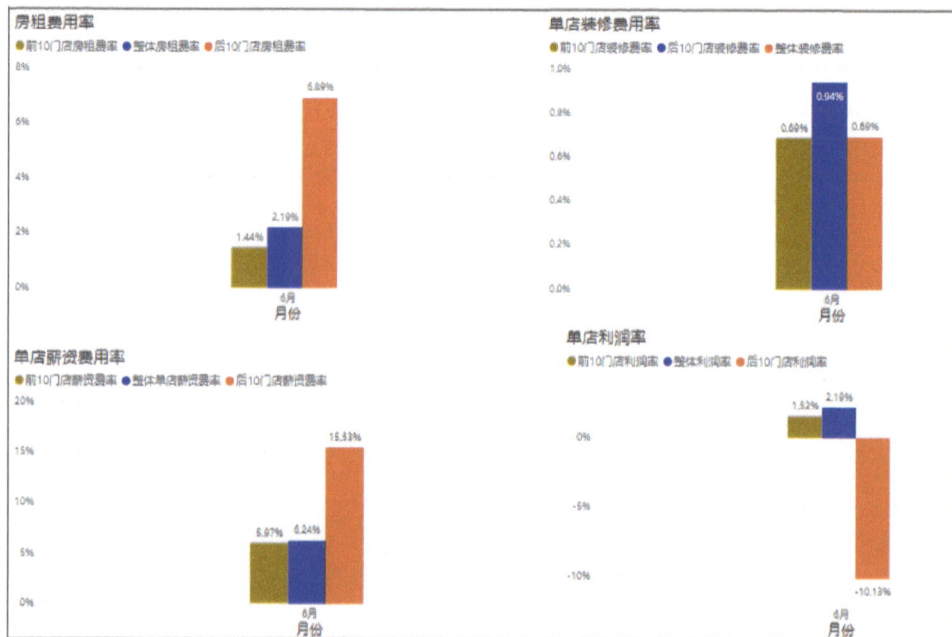

图 4-9

（2）因为最后10家门店开业不久或者业务新拓展到一个城市，还未获得知名度，所以业绩较差。而租金在一定期间内金额固定，因此费用率较高。当后续打开市场之后，进店人数提高，在转化率稳定的前提下，业绩也会获得快速增长。对于新开业门店，财务分析师需要监控其业绩变化，了解其是否在合理的时间内获得了业绩增长。如果后续发展不如预期，则需要提示业务部门针对不良店铺及时改变策略，另寻出路。

人员成本同样是影响利润率的主要因素。如果是刚开业门店或者是业绩处于下坡的门店，按照和其他门店同样的人员配比使用自有员工，那么费用率就会偏高。自有员工的劳动合同周期较长，签约时限一般是一年或者三年。正是这种用工机制使得人员成本的性质同固定费用一样，不易调整。可以采取其他用工方式，使用工灵活化，比如多使用外包人力、兼职员工等，按照门店的人流高峰期和低谷期灵活安排员工数量，从而降低用工成本，优化单店用人配比。

虽然使用外包员工可以降低人员成本，但是在企业大批量使用外包服务时，仍需要注意与供应商的结算合规性。一般的结算周期多是按照月结的方式与外包商结算付款。作为日常监控的一环，财务分析师会审批外包服务费的付款流程，需要注意票据是否齐全、合作关系是否真实有效、金额是否有大额波动等风险。

无论财务分析师在分析或者审批费用中发现什么样的风险，都需要找到对应的控制"抓手"，让管理得以形成闭环，让管控落实到具体细节。于细微处见真知，对风险的管控来自对细节的把控。

4.3　鉴别业务故事的真实性

无论是预算、预测，还是费用审批，财务分析师都有机会向业务部门询问数字背后的故事，但是很多业务人员并不具备特别强的数字敏感性，讲述的故事并不能直接解释数据变化，更有甚者，站在自己的立场上，讲述的故事也是以偏概全的，很容易造成财务分析师理解偏差。因此需要财务分析师具备较强的数字逻辑，能够洞察业务故事的逻辑问题。下面结合案例，我们从两个方面分析业务故事的真实性。

1. 用数据验证

业务部老陈给小黑本月业绩预估时说："这个月预计业绩和毛利较预算都会增加，市场环境比我们之前预想的情况更为乐观，我们预计这个月可以做更多的利润。"听到这里，小黑比较疑惑，因为以往业绩提高都是以牺牲一定毛利和利润为前提，但是这个月居然业绩和毛利都能提高，难道预算目标低了？按照正常的逻辑，当业务没有很大变动的情况下，业绩的进一步提升需要公司投入更多的市场费用，吸引新的客户、补贴客户，刺激消费者的购买欲望，从而带动业绩增长。就像大型电商企业每逢"618""双十一"这些大促节日，都会采取各种促销手段打价格战。在投入更多的补贴或者折扣的同时，还要比拼创意，拉高产品的曝光率，吸引消费者眼球，促使其付费，加速去库存。

我们可以简单地把利润构成拆分为以下公式：

利润＝毛利－变动费用－固定费用

边际贡献＝（毛利－变动费用）

毛利和变动费用可以看成是随着业绩线性变化的，其中促销费用会直接带来业绩提升，归为变动费用，而固定费用看成固定值。既然业务方认为当月的利润环比上升，假设其他条件不变，收入带来的毛利增速就理应比促销费用增速更快，从而使企业的边际贡献提升，盈利能力增强。是否真的如此呢？

老陈进一步补充道："随着开学季的到来，学习品类的电子产品需求是刚性需求，所以我们不需要投入更多的市场费用就能做到更高的业绩。"

小黑又问道："如果是开学季对于需求的影响，那么在预算中应该就有所体现。我看预估的业绩比预算要高，那么这个月的预算业绩目标在制定的时候没有考虑开学季对于业绩的提升吗？还是说预算中的目标定低了？"

老陈回答："因为今年春节之后很多学校开学延后，很多学校的课程都是在线学习。学生在家学习会产生更多的电子产品需求，比如很多学生都选择使用平板电脑听课，使得平板电脑的销量比过年前翻了好几倍。还有一个很重要的原因，是因为年前我们屯了一部分货，本来计划在年后销售的，但是今年春节后，很多物流公司复工时间延后，这些是在做预算时没有预料到的，所以导致这部分货一直没有出。这个月计划会出掉这部分货，同时市场的需求也是大量存在的，所以销量也会得到保障。"

看到这里，业务人员似乎给出了一个合理的解释，主要因为学生在家学习产生了更多对于学习品类的电子产品的刚性需求，并且年前囤积的货在年后集中出货，供求两端双增长导致业绩和毛利同步增长。不过，作为财务分析师，还是需要用数据说话的，用数字去验证这个原因的合理性。分析思路主要如下：

（1）调取库存信息，分析库存周转是否加快，是否有大量的年前囤货在年后的出库记录，因此提振了年后的业绩。

（2）检测市场需求是否为刚性需求。如果市场的需求不是刚性的，那么会影响到企业实际的出库数量和业绩。所以，在控制费用支出的同时，要求业务人员预估未来一个月日出货量的情况。然后财务分析师以天为单位，监控出货量是否达到预估的水平。

（3）需要注意的是，即使出货量达到预估的日均水平，业绩也未必能达标，这中间还有客单价的影响，由公式可知：业绩 = 出货量 × 客单价。由于品类不同，客单价往往能对业绩实际达成有着重要的影响。如图 4-10 所示，按照年前的出货比例预估本月的销售额是11 230 000 元。整体月均客单价为 2202 元，由于高客单价的手机品类占比高，所以整体客单价较高。

预估	客单价（单位：元）	销量（单位：台）	销售额（单位：元）
手机品类	3,000	3,000	9,000,000
平板品类	1,600	1,200	1,920,000
数码相机	700	100	70,000
其他	300	800	240,000
合计	2,202	5,100	11,230,000

图 4-10

如图 4-11 所示，随着开学季的到来，学习相关的平板品类销量提升，实际销量提升 1300 台，手机品类却下降 1000 台。在整体的实际销量提升 300 台的情况下，客单价下降至 1909 元，下降比例约为 13%，最终导致销售额为 10 310 000 元，未达到预估水平。所以我们在监控的同时，不仅要关注整体金额，还要关注品类的分布。

实际	客单价（单位：元）	销量（单位：台）	销售额（单位：元）
手机品类	3,000	2,000	6,000,000
平板品类	1,600	2,500	4,000,000
数码相机	700	100	70,000
其他	300	800	240,000
合计	1,909	5,400	10,310,000

图 4-11

以上案例说明，要想整体达成既定目标，就需要按照影响因素进行拆解，关注不同部分的达成情况，这也是财务管理中因素分析法的内容。分析某个指标与其影响因素的关系，从数量上分析各个因素对于指标的影响程度，可参照以下公式：

销售额 = 销量 × 客单价

分析实际销售额和预估销售额的差异，需要拆分到量和价的影响。若要分别去计算量差和价差的影响，可参照以下公式：

量差 =（实际销量 − 预估销量）× 预估客单价

价差 =（实际客单价 − 预估客单价）× 实际销量

结合图 4-10 和图 4-11 中的数据，整体差异值为：

实际销售额 − 预估销售额 =10 310 000−11 230 000=−920 000 元

量差 =（实际销量 − 预估销量）× 预估客单价 =（5400−5100）×2202= 660 600 元

价差 =（实际客单价 − 预估客单价）× 实际销量 =（1909−2202）×5400=−1 582 200 元

实际销量提升对于销售额是正向影响，提升销售额为 660 600 元，而客单价下降影响销售额的值为 1 582 200 元，最终销售额下降 920 000 元，最终未达预期。

2. 幸存者偏差

第二次世界大战期间，美军的战机损失严重。为了加强对战机的保护，军方调查了作战后幸存飞机上的弹孔分布情况，决定哪里弹孔多就加固哪个位置。然而，哥伦比亚大学的统计学家沃德教授研究发现，不应该关注弹孔多的位置，恰恰应该关注弹孔少的位置。因为那些部位一旦中弹，飞机就很难返航了，导致这部分数据被忽略。最终的结果证明，沃德教授的观点是正确的。这个故事概括为"幸存者偏差"。

在我们日常生活中充满了类似的例子，比如野外遭遇熊却装死活下来的人总结——"熊不吃死人。"因为能得出这个结论的一定是从熊的口中逃生的人，而死的那部分人已经告诉不了我们结论了。在财务分析的过程中，往往也会遇到这种情况。临近春节，业务人员根据当月客服投诉率低这一现象，得出了客户对产品的质量很满意，所以预计当月的销售业绩会提升的结论。但是实际的业绩并没有提升，我们在进一步调查之后发现，原来是因为春节将至，客服部门有些员工提前放假，由于人力有限，大量的投诉电话未被接听，这部分数据在计算客服投诉率的时候并没有统计进来，所以此处投诉率低于客户对产品的满意度并无关系。当我们听业务人员的讲叙时，要思考其中是否存在"幸存者偏差"。在日常工作中，我们需要提高逻辑推理的能力，才能及时发现不合理之处，避免掉入逻辑陷阱。

4.4 统计分析：检验故事的另一视角

与财务分析岗位名称很相近的一个岗位叫"数据分析"。虽然名称接近，但是这两者的工作内容有一定区别。

二者都会涉及预测工作，但财务预测主要是财务分析师参考已发生的数据，以及业务方的判断，预估未来的业绩。整个过程以业务人员的主观判断为出发点，财务分析师通过业务的实际表现来进行检测验证，以此推动业务部门调整预估。所以，这也是为什么本书一直在强调财务分析师必须了解业务，因为只有了解业务工作，才能检验业务预估的合理性。比如，业务人员认为下个月业绩环比增长 10%，但是财务分析师发现去年同期环比增长有 30%，而且下个月是大促月份，每逢大促月份，业绩肯定会大幅增长，因此我们可以认为业务人员的预估假设过于保守，需要修改预估。

而数据分析师的预测则是利用统计学思路分析已有的数据，通过对环比和同比的比较，预测未来的数据走势。尽管财务分析和数据分析的预测工作有别，但是财务分析师还是可以借鉴数据分析中的统计学思维，验证财务预测的合理性的。

1. 生命周期理论

生命周期理论是分析市场和企业发展阶段的理论，在实践中有非常广泛的应用。最早由卡曼提出，后来经过不断发展，目前已演变成非常成熟的理论。该理论认为，企业的生命周期可以分为导入期、成长期、成熟期和衰退期，如图 4-12 所示。

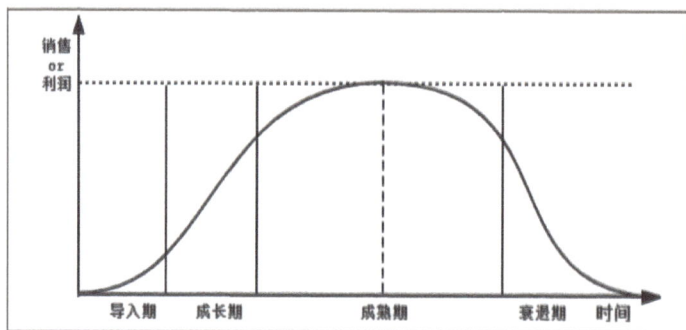

图 4-12

在数据分析时可以结合公司或者业务所处的时期进行预测。

导入期的销售曲线的形状是线性增长曲线，预测的时候通过线性回归得到预测结果。在业务初期，需要通过营销手段拉新，积累用户，获得收入的积累。

成长期的曲线偏向指数型增长曲线，由于产品前期的曝光带来了一定量的用户，此阶段业务由量变引起质变，形成爆款产品，销售量剧增。

成熟期前半部分是边际递减增长曲线，收入仍在增加，但是增速放缓，市场需求趋于稳定。

成熟期后半部分和衰退期组成了"S"曲线，可以利用多项式回归预测，业务逐渐衰退，企业需要及时撤退或者转型。

在 Power BI 中使用 Dax 函数无法直接完成建模。如果使用 R 语言，则学习成本很高，对于很多财务人员来讲，编程还是很陌生的，并且财务分析师做财务预测也不以这种方式为准，仅仅是将数据分析作为检测业务预测准确性的工具。所以，建议在预测时直接使用 Excel 中的折线图，可以很方便地完成预测，如图 4-13 所示，选择折线图制作每天收入变化的时间序列图。

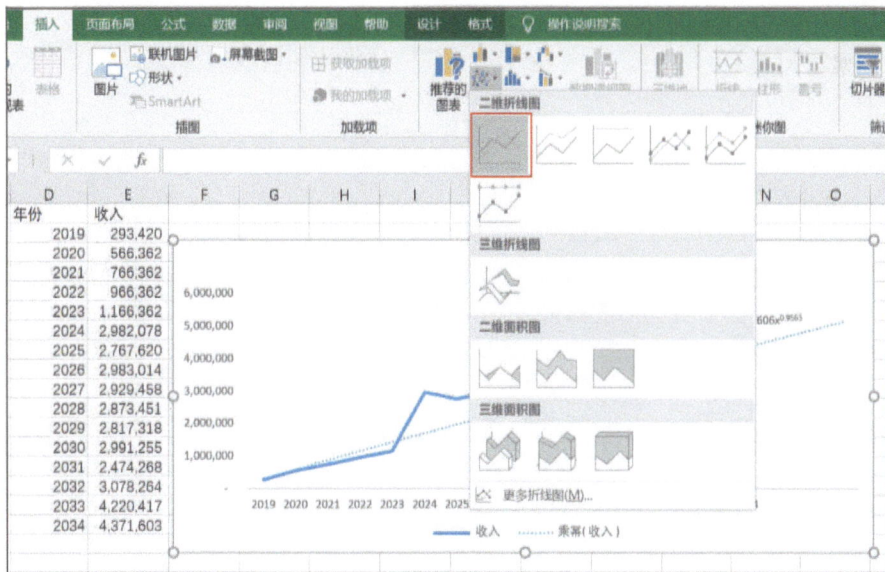

图 4-13

右击折线，选择"添加趋势线"，如图 4-14 所示，可以看到趋势线选项中有各种可选择的图形，根据业务处于的阶段或者近期的走势去选择模型。

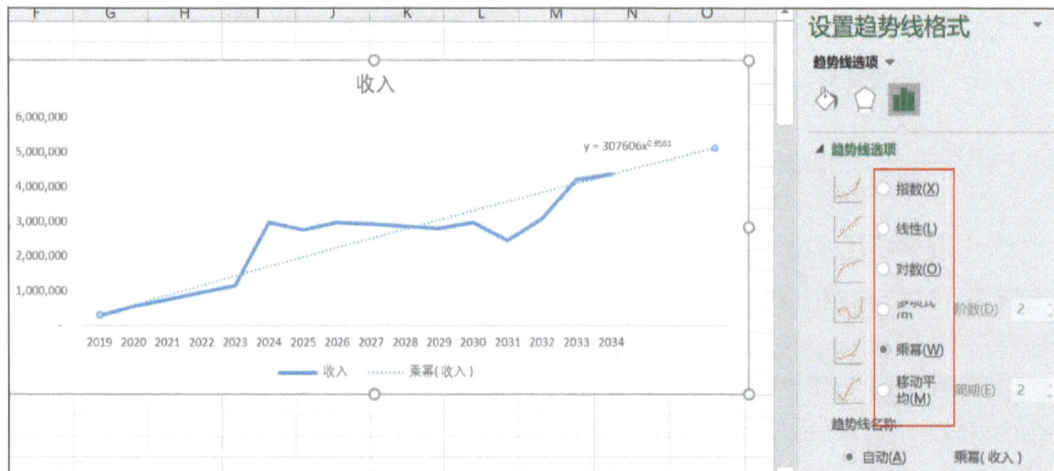

图 4-14

同时，在"趋势线选项"对话框中还可以选择预估未来周期，对未来数据走势进行一定的判断，如图 4-15 所示，数据线以年为单位，设置了向前预测 10 个周期，即在前推文本框中输入"10.0"周期。

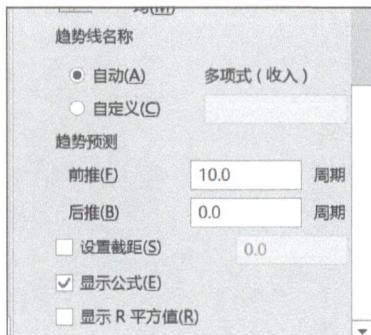

图 4-15

生命周期理论适用于我们在业务发展过程中判断未来较长一段时间里的趋势变化。如果是对近期进行预测，比如月度或者季度，那么需要考虑的是季节性因素、市场供求关系，以及影响销售的其他因素。

业绩预测最后还是要以业务方给到财务分析师的数据为准，他们是业绩预测的主导方，但是财务分析师不能听之任之，仍需要检查其预测的合理性。作为检测方法之一，利用统计分析，根据能够预见的因素进行预测。而实现数据预测，不一定要拘泥于某个软件，发挥 Excel 和 Power BI 这些软件的长处，优势互补，才能事半功倍。

2. Power BI 中内置的预测模型

虽然 Power BI 在数据建模上有一定复杂性，但是我们可以直接使用其内置的数据预测模型进行预测。我们可以在应用商店里找到这些模型，打开"应用商店"，搜索"forecast"，如图 4-16 所示。

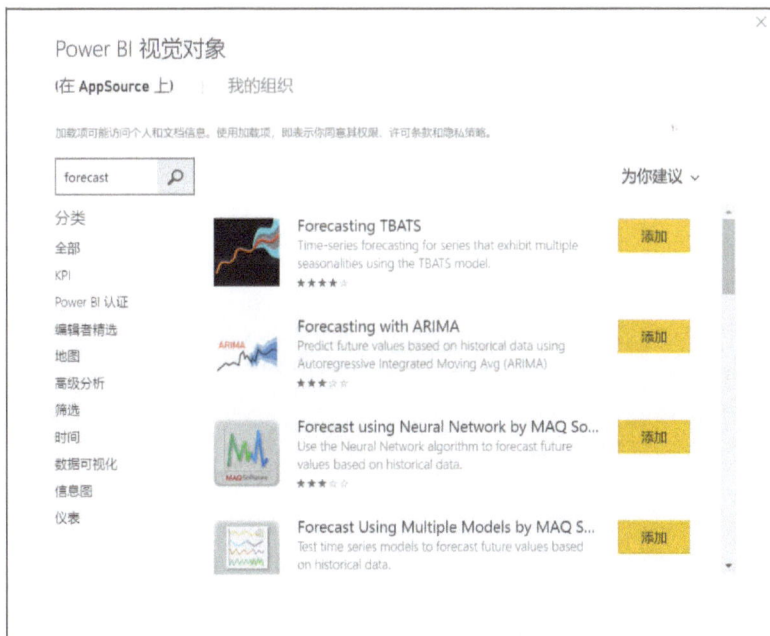

图 4-16

这里简单介绍一下时间序列模型——ARIMA 模型。其全称是：Autoregressive Integrated Moving Average Model，即自回归移动平均模型。它属于统计模型中最常见的一种模型，主要用于进行时间序列的预测。其原理是：在将非平稳时间序列转化为平稳时间序列的过程中，将因变量仅对它的滞后值，以及随机误差项的现值和滞后值进行回归。

这个模型的优点是使用比较简单，不需要建立外生变量，缺点是要求时序数据稳定。通常销售数据会因各种原因产生波动。因此只适用于线性关系的预测。不过，对财务分析师而言，并不需要深入了解建模原理和步骤，只需在 Power BI 中掌握如何操作，获得最后的结果，验证业务预估的合理性即可。

操作步骤为：首先，在应用商店中搜索并添加视觉对象"Forecasting with ARIMA"；然后，在"可视化"窗格中选择模板，将 date 和 sales 列拖到对应的字段中，如图 4-17 所示。

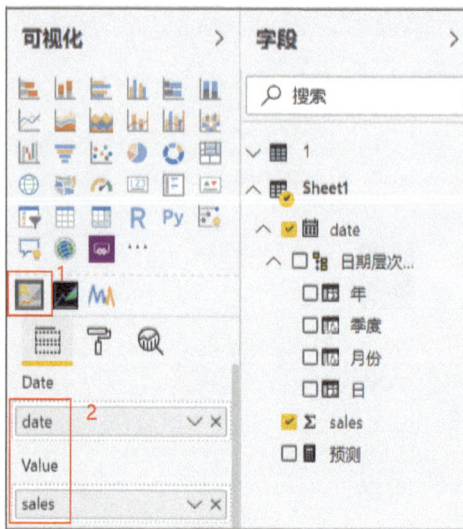

图 4-17

如图 4-18 所示，在格式选项中设置预测的时长，这里选择了 31 天。还要设置置信水平，这个是指最后数值落在特定区间的概率。当预测的数值区间越广泛，就有越大的概率使得实际值落入此区间。图中的置信水平设置为 99.9%，说明实际值有 99.9% 的可能性落在此区间。在此基础上再设置一个置信水平，比如 99.5%。

如图 4-19 所示，设置周期，即以哪种时间单位作为一个预测周期，比如年、月、日。图中选择了以月份为周期。

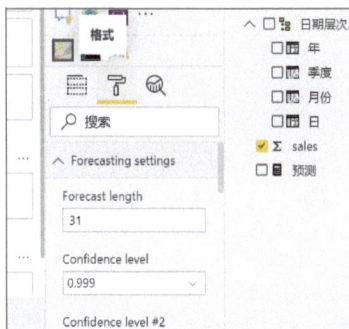

图 4-18

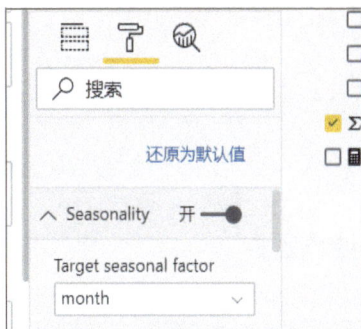

图 4-19

如图 4-20 所示，这是在可视化区域的图形预测结果，右侧阴影下的水平线是预测的未来一个月的销售水平，深色的阴影区域对应的是置信水平为 99.5% 的预测区间，浅色的阴影区域对应的是置信水平为 99.9% 的预测区间。模型数据取自 1 月 1 日至 3 月 31 日中已发生数据，由此可知近两个月的销售趋势逐渐趋于平稳，所以在一定程度上可以参考 ARIMA 模型的结果。

3. 历史同比法

历史同比法通常是业务部门在预测未来较长一段时间内业绩趋势的方法，利用去年同期的业绩数据，预测今年将要发生的业绩，适用于受季节或者月份影响较大的业务。历史同比法在互联网企业中应用较为普遍，进行同期预测的时候，可以沿用去年同期的变化趋势，加上今年的业绩增长目标进行预测。财务分析师需要了解这种方法，理解业务部门预测的逻辑。

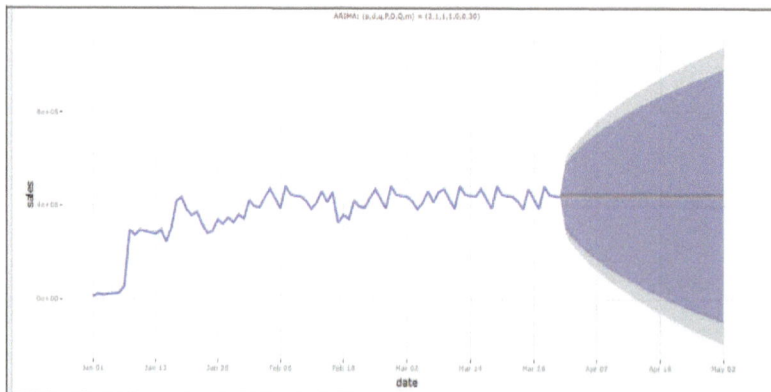

图 4-20

主要预测思路如下：

（1）用历史同期数据来预测未来期间，沿用日期、月份波动趋势。

（2）历史同期数据乘以一个增长因子，表示整体趋势的增长。这个增长因子可以是预测增长目标，也可以是预测增长比例。

（3）考虑到实际每天的业绩会受到异常因素的影响，所以利用 30 日移动平均来平滑历史趋势。

将已发生的业绩数据表和日期表导入 Power BI 中，在"模型"界面拖动"日期表"的"日期"列至"数据表"的"日期"列位置，建立表联系，如图 4-20 所示。

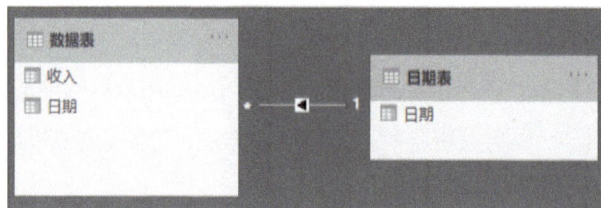

图 4-20

在"报表"界面的"建模"选项卡中,选择"新建参数",创建增长因子和趋势平滑因子参数,如图 4-21 所示。将增长因子的数据区间设置为 0.01 至 1,也就是同比增长比例在 1% 至 100% 之间。另外,趋势平滑因子参数设置为 1 至 100,也就是选择 1 至 100 天的数据作为移动平均区间,以平滑历史趋势。

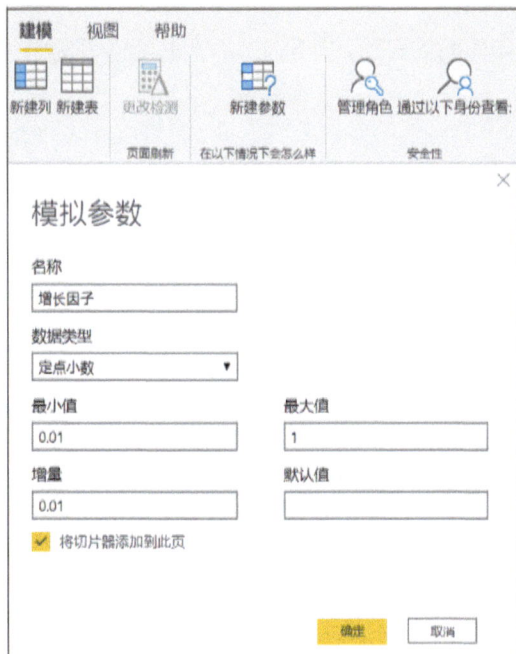

图 4-21

在"建模"选项卡中,选择"新建度量值",创建以下度量值。

(1)建立销售额度量值

销售额 =
SUM('数据表'[收入])

（2）建立销售额去年同期度量值

去年同期销售额 =
CALCULATE（'数据表'[销售额]，DATEADD（'日期表'[日期]，-1，YEAR））

其中，获取去年同期数据时利用到了 DATEADD 函数，我们在第 2 章介绍过这个函数，其含义是选择日期表中去年同期的日期；外部 CALCULATE 函数的含义是计算对应日期的销售额。

（3）建立预测销售额度量值

预测销售额 =
AVERAGEX（
　　DATESINPERIOD（
　　　　'日期表'[日期]，
　　　　LASTDATE（'日期表'[日期]）-'趋势平滑因子'[趋势平滑因子 值]，
　　　　'趋势平滑因子'[趋势平滑因子 值]，
　　　　DAY
　　），
　　'数据表'[销售额去年同期]*（1+'增长因子'[增长因子 值]）
）

其中，DATESINPERIOD 函数用于返回移动一定间隔的时间段，返回类型是表，语法如下：

DATESINPERIOD（日期列，开始日期，移动间隔，移动粒度）

第一个参数是日期列；第二个参数是日期的表达式，即开始日期；第三个参数是移动间隔，正数是向未来移动，负数是向过去移动；第四个参数是移动粒度，可选择 Day、Month、Quarter、Year。

AVERAGEX 函数的语法如下：

AVERAGEX（表，表达式）

第一个参数为表，或者是可以返回为表的表达式；

第二个参数是需要求平均值的表达式，可选择一个列，也可选择列的表达式。

在预测销售额度量值中，AVERAGEX 函数用于在 DATESINPERIOD 函数挑选的日期范围内，选择去年同期的销售额数据并乘以一定比例的增长，然后计算算术平均值。

在"可视化"窗格中选择"堆积面积图"，轴设置为时间序列，值设置为"销售值"和"预测销售额"度量值，如图 4-22 所示。

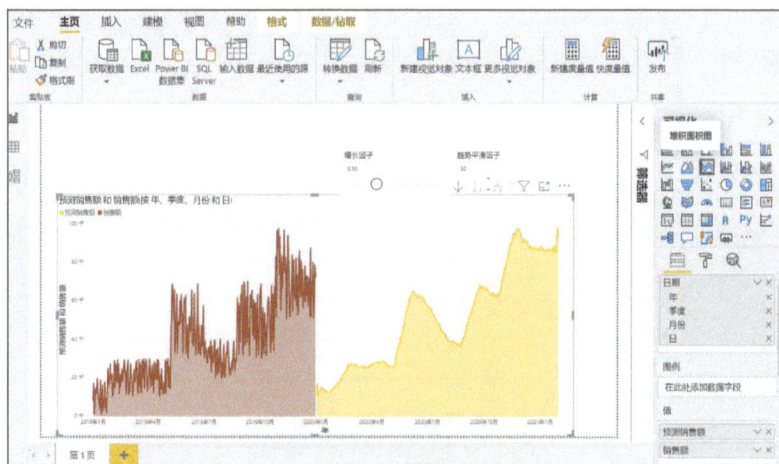

图 4-22

增长因子设定为"0.30"，假设今年业绩比去年同比增长 30%，趋势平滑因子设定为"30"，按照 30 天移动平均来平滑去年业绩，图中黄色的区域即为预测的销售额走势，如图 4-23 所示。

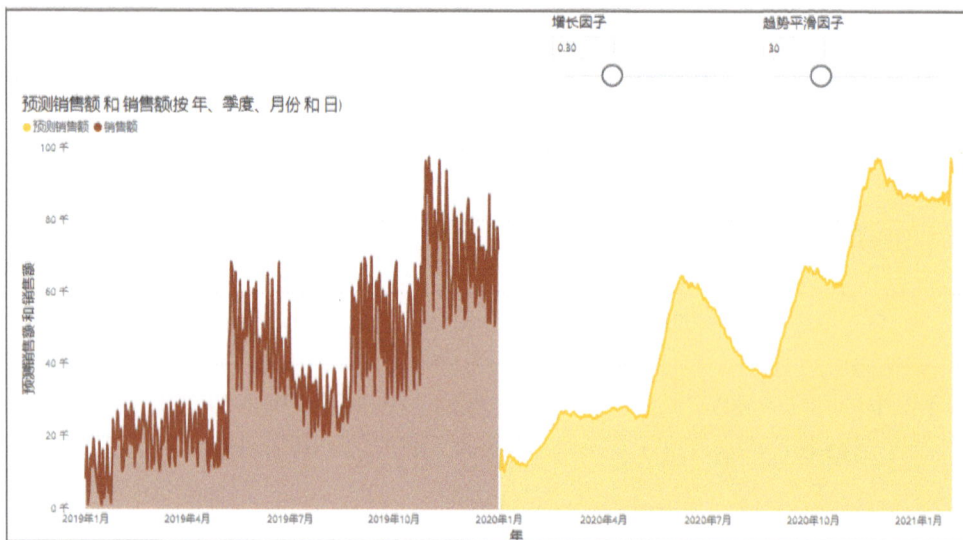

图 4-23

　　一般财务分析师在进行财务预测时，会直接从业务部门那里获取预测的业绩结果，然后进行数据验证，比较同比、环比等维度的数据是否合理，再深入一步的话会查看近几日业绩数据，按照线性预测整月的情况。这种方法从大方面上看是没有问题的，但是还是停留在数据表面，没有结合对业务的理解。上述介绍的几种统计学中预测业绩的方法，有可能是业务部门在预测时会使用的，是贴近业务发展规律的方法，因此建议财务分析师们也要对其进行掌握。

4.5　会计也需具备风险意识

　　日常工作中，除了业务人员，与财务分析师打交道最多的就是财务部的会计人员了。如果以产业链为例，会计人员就是财务分析师的上游。在产业链中，上游的产品完工之后销售给下游继续加工再销售，继续整个产业链的运作，也就是当会计人员结账之后，财务分析师才能在此基础上再加工，得到管理用财务报表。如果上游数据出现问题，那么下游生产的数据也会有问题。所以，站在财务分析师的角度，需要提升会计人员的数据敏感度，提高其数据输出的准确度。而站在会计的角度，为了良好的工作表现，也要加强自己的风险管理意识，关注自己获取的数据是否有问题，变动是否异常，目的不仅限于做对每一笔分录，还在于了解业务背后的变化，对于数据的增减变动保持关注。

财务分析师每个月需要针对数据异常变动向会计人员进行询问。以笔者的亲身经历为例，经常会发生类似下面的对话。

财务分析师："为什么这个月的收入比上个月多了这么多？"

会计："不知道，没有关注过。"

财务分析师："为什么这个月有了这个小额的收费？是什么性质的收费呀？"

会计："不是很了解，从系统里拉出来的收费记录就是这样的。"

财务分析师："我看到这一期有一笔装修费分摊的负数冲销，是什么原因呀？"

会计："因为前期分摊期间有问题，分摊了几个月，余额成负数了，这一期把余额调整为零。"

从上面对话中可以看到这位会计暴露了三个问题，不了解异常变动、不了解新增项目、费用录入错误。财务分析师由于需要进行预测和分析，势必要深入了解业务模式、收费政策等。相比而言，会计其实更多承担的是核算的工作，实际操作中，更注重细节方面，例如数字是否准确这样的问题，但是数字背后代表的业务实质是否合理，未必会主动探究。下面我们针对案例中会计人员暴露的三个问题，提三点建议：

1. 给数据设立重要性水平

会计人员每个月会跟业务部门的人员对账，如果有意识地去分析数据，那么可能会发现一些异常问题，比如收入环比突然下降了很多，或者收入有了新增项目，或者费用较上月产生了很大的波动。至于如何快速地发现这些问题，可以借鉴审计的思路，给数据变动设立一个重要性水平。如果收入或者费用项的变动超过这个水平，那么大概率这个月的数据就是有问题的，或者是业务部门提供的数据有误，或者是记账金额有问题，或者是本期有大额调整。比如过去的某个月里，发现收入环比变动超过了 20 万元，最终发现当月数据记录不准确，那么就可以将 20 万元定义为重要性水平，以后每月去检查数据时，只需关注那些超过 20 万元变动的月份即可。

在定重要性水平时，需要结合自身的经验，在综合历史数据水平的基础上进行判断。

2. 性质重要也可能产生"重大错报"

有些数据变动即使没有超过重要性水平，但也有可能有问题，假如本月由于新的业务而产生了一笔 5 万元收入，虽然金额没有超过重要性水平，但是从性质上来说，这是一个新的业务，对于业务规模的大小，财务部门一开始是不了解的，需要跟业务人员进行沟通。对账流程、业务逻辑都需要跟业务部门的同事进行确认。新业务对于整个集团很可能是有重大影响的，因为它是由 0 到 1 的过程，有可能产生"重大错报"，即账务处理错误，所以针对这类问题需要深入检查数据的准确性。

3. 审计复核

会计记错账的事情时有发生，如何避免发生这种错误呢？那就需要进行自我复核，在自己做完账之后进行一遍检查，对应到审计上就是"审计复核"。培养自己检查的习惯，校对清楚，就可以避免发生错误的风险。不仅限于会计工作，培养良好的检查习惯是帮助自身提高工作能力的方法之一。

以上三种审计思维是帮助会计人员检查数据合理性和准确性的方法，而这些在财务分析工作中也可以应用。当财务分析师每个月看财务账时，也是按照上述思维去分析数据的合理性的。

不同的是，财务分析中的"可容忍错报"和会计中的"可容忍错报"的要求是不同的，会计需要更加精准。另外，财务分析师观察数据时要从业务角度考虑，因为在制作管理用财务报表时，相当于把财务数据还原到更符合业务本质的视角进行呈现。至少在数据合理性检测上，财务和会计的角度是共通的。

第5章
解决预算难题

年底了，小黑负责编制电商事业部第二年的预算。他把业绩和收入、毛利的预算模板发给销售部门进行填写，同时费用模板发给相应部门去填写。然后，品牌部的田总对于预算模板有些疑惑，于是来问小黑。

田总："这个薪资费用是不是得人事那边填写呀？我也不知道我们部门的薪资。"

小黑："是的，这个我会让人事那边填写的，你可以先填写其他费用。"

田总："那房租、物业怎么填写？我们和其他部门一起用的办公室，这个怎么算房租呢？"

小黑："整体房租一般是不变的，而部门的房租、物业费用是根据人数分摊的，明年还要根据各部门招聘计划调整分摊，我会跟行政部门沟通未来是否有新租房的需求，所以这部分你也空着吧。"

田总："嗯，我觉得你应该在表里标注一下我们业务部门需要填哪些指标，要不然我们也不清楚，有些数字只能瞎填。"

小黑只好连声说抱歉。然后，小黑找到了领导杨经理，说明遇到的问题。

杨经理回复："其实这不仅是'责不配位'的问题，我们也要做一些改进，今年在做预算的时候，不能像往常那样，让各部门把数字填上就万事大吉了。需要先从整体的业绩和利润目标出发，逐步确定对应的收入、成本和费用预算。我们需要对各项指标发生的动因进行分析，比如房租、物业，肯定是行政部门去统一安排的，所以得让他们部门负责填写整个公司的房租、物业费用预算。而房租、物业费用的金额还与人数有关，如果人数增长，现有办公室坐不下了，那么就有新的办公室租赁需求，这就需要让行政部门的租房计划和人事部门的招聘计划串联起来，保证双方信息口径一致。我们财务部可以提供支持，让双方互通信息，确保预算制定的合理性。其他费用同样也需要了解成本动因，追根溯源。"

每到年底，财务分析师都如临大敌，因为预算工作就要来了，而且这是一项耗费不少时间的工作。如何能高效而又合理地编制预算，是令每一位财务分析师头疼的事情。

5.1　高效解决令人头疼的预算编制

如何高效解决令人头疼的预算编制呢？要把这个问题进行拆解。首先需要了解什么是预算，然后分析预算应该如何编制。在分析之后，再思考如何高效解决这个难题。

1. 预算的分类

预算一般可分为经营预算和财务预算。经营预算就是构成我们利润表的预算，而财务预算还包括资产负债表和现金流量表的编制。在跟管理层或者业务部门讨论预算时，主要就经营预算展开讨论。

按照出发点的特征不同，预算编制方法可以分为增量预算和零基预算。

增量预算是一种基于过去发生的事实去预测未来的预算思维。按照已发生的业绩和对公司未来的判断，对收入、成本、费用进行一定调整。这种方法在做预算时比较简单，投入资源较少，但是基于过去的调整会将不足带进预算指标中。如果之前公司经历了业务转变，开拓市场失败，那么基于过去调整的业绩指标就比较低，业务方不需要多少努力就可以达成预算，也就是所谓的"预算松弛"问题，那样就无法充分激励业务方发挥主观能动性。

零基预算则与增量预算相反，不考虑过去的情况，从零开始预测未来。这种方法势必要投入大量的资源，从头开始分析现有的情况，进而对未来做出合理判断。在实际操作中不会完全从头开始分析，但不考虑过去的话，对于预算合理性的判断也会造成一定影响。这种方法适用于新业务开展之时，由于新业务没有历史数据可以参考，只能从当下进行分析，结合类似业务的发展，从而确定未来的预算。在实际操作中，预算编制方法要结合业务性质进行选择。

2. 预算的编制步骤

下面我们思考一个问题，做预算应该是自上而下还是自下而上呢？

笔者认为，需要从组织状态和预算层次进行分析。从组织状态上看，如果一个组织的执行力非常强，那么自下而上的申报预算就和管理层想要的目标一致或者接近，便很容易确定好预算目标；而如果一个组织的执行力较差，有非常严重的"预算松弛"问题，那么自下而上的报预算就达不到管理层要求，应该直接使用自上而下的方式。

而从预算层次上看，预算反映的信息包括战略层面和战术层面。尽管预算直接体现的是收入、成本、费用等具体的数字，但是综合起来，能反映出企业的战略目标，到底是扩大规模，还是追求盈利，都是反映在预算数字之上的。而战略层面的目标适合自上而下去制定，战术层面的目标适合自下而上制定。管理层对于大方向进行把控，而各业务线的实施路径等细节可以由中低层级部门去构想和计划。

财务分析师在这个过程中，需要对业务部门提报的目标不断审视其合理性，以防各级在给自己制定目标时有所保留。在判断合理性的时候，需要确定基准值，就是说与哪个值比较可以判断预算制定的合理性，实际取基准值时，未必是以某一个指标，而是要考虑几个值，从不同的方向验证预算数字合理性。基准值可以结合零基预算及增量预算适用的条件，参考历史数据、当下业务数据和同类业务的数据等。

财务分析师在审视数据合理性的基础上，跟业务部门、管理层反复沟通预算，一般经过几轮沟通之后，最终三方达成一致。

由此可知，编制预算的主要步骤有：

（1）搭建底表模板；

（2）在管理层确定未来战略的情况下将明年的任务分到每个事业部；

（3）各事业部对目标继续进行拆解；

（4）各部门填写预算模板，然后由分析师归集，对其中的合理性进行分析，并与业务部门进行讨论；

（5）各业务部门向管理层汇报明年的任务目标。

3. 如何高效完成预算编制

通过预算编制流程可以得知，预算编制工作的基本步骤在于拆解任务、归集任务和分析合理性等。至于如何"高效"完成编制呢？大方向上要系统化地推进预算编制，减少重复劳动和返工的情况。"系统化"首先体现在搭建底表，重要的工作都要在事前进行计划并准备充分，而搭建底表模板就是财务分析师在预算工作开始前的必要准备工作。

在后面预算的合并、分析和预算与实际的对比等一系列工作中，都需要从我们搭建的预算底表中获取数据。预算底表在搭建之后不要轻易修改，否则会破坏原有的链接和格式，所谓是"牵一发而动全身"。所以，在搭建底表阶段就要保证模板的合理性，并且提供足够的维度以供后续分析使用。

　　在底表搭建阶段，推荐使用 Excel 进行制作，因为其更灵活，而且可以针对单元格进行编辑。在后续的分析阶段，仍然可以有 Power BI 的用武之地。如图 5-1 所示，最终展示的预算损益表是这样的，其中业绩部分需要销售部门进行填写。费用项主要有薪资、福利费、差旅招待费、物业费、物流包装费、市场活动费、咨询服务费、佣金、其他费用等，这些项目分别由不同部门填写。比如，薪资、福利费统一由人事部门完成，房租、物业费由行政部门统一筹划，市场活动费也只是在前端部门比如市场营销部才会发生，财务费用肯定是财务部门产生的，其他的种种费用基本上每个部门都有发生，每个部门分别填写。

	A	B	C	D	E	F	G
1	P&L	Jan-20	Feb-20	Mar-20	Apr-20	May-20	Jun-20
2	客单价	1,204	1,212	1,394	1,404	1,373	1,626
3	订单量	251,668	249,545	312,350	325,126	358,775	379,774
4	GMV	303,078,342	302,541,765	435,463,568	456,370,653	492,522,850	617,337,573
5	收入						
6	成本						
7	券前毛利润	-	-	-	-	-	-
8	券前毛利率	0%	0%	0%	0%	0%	0%
9	优惠券						
10	券后毛利润	11,944,120	11,616,352	15,179,566	17,061,708	18,603,285	21,282,014
11	券后毛利率	0%	0%	0%	0%	0%	0%
23	营业利润	11,186,908	10,879,919	14,217,239	15,980,060	17,423,907	19,932,815
24	总费用	10,936,939	10,449,576	14,074,613	13,663,027	14,573,043	18,848,837
25	总费用率	4%	3%	3%	3%	3%	3%
26	直接费用	**10,936,939**	**10,449,576**	**14,074,613**	**13,663,027**	**14,573,043**	**18,848,837**
27	01 薪资	2,917,834	2,910,463	2,972,449	3,001,785	3,036,885	3,045,872
28	02 福利费	7,291	7,276	7,378	7,441	7,511	7,520
29	03 差旅招待费	110,025	109,804	110,493	110,653	110,888	111,019
30	04 房租物业费	171,260	170,814	172,370	172,806	173,428	173,688
31	05 物流包装费	3,562	3,552	3,614	3,653	3,696	3,702
32	06 市场活动费	580,029	104,106	900,740	88,106	208,106	1,807,137
33	07 咨询服务费	849,440	857,255	883,034	882,304	885,808	921,143
34	08 佣金	6,269,550	6,258,414	8,996,414	9,368,070	10,118,399	12,750,402
35	09 其他费用	27,947	27,891	28,120	28,209	28,321	28,354
43	贡献利润	249,969	430,343	142,626	2,317,033	2,850,864	1,083,978
44	贡献利润率	0%	0%	0%	1%	1%	0%
45	集团费用分摊						
46	支持部门						
47	统筹费用						
48	经营性净利	249,969	430,343	142,626	2,317,033	2,850,864	1,083,978
49	经营性净利率	0%	0%	0%	1%	1%	0%

图 5-1

　　虽然每个部门对于预算表的填写内容大多不同，但是财务分析师在搭建底表的时候，需要考虑各种使用情况，尽量满足所有需求，并且保证格式统一，这样在合并的时候可以快速完成。所以，在搭建底表的时候，可以由上至下进行拆分。从损益表出发，按照业务线进行拆分，然后对于每一项需要细化的项目在单独的表中进行分解，比如收入成本可以放在一个 sheet 里面。费用项会有更多细分的维度和科目，不仅是上述的简单划分，还需要一个 sheet 进行填写和分析，而且费用往往是按照责任中心产生的。归于不同责任中心的费用，后续会按照一定规则分摊到各业务线的损益表中，形成完整的利润表，如图 5-2 所示。

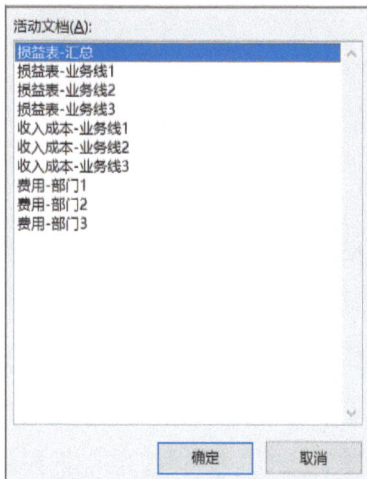

图 5-2

4. 编制预算的时间

不仅是编制预算的方法很重要，什么时间编制预算同样值得思考。如果要制定明年使用的预算，"最后完成期限"肯定是在今年年底。如果预算启动的时间太晚，那么做预算时就会非常痛苦，时间安排会特别紧张。而如果预算启动的时间太早，公司管理层还没有确定明年的战略方向，那么这时候做预算就无从下手。

对于外企来讲，可能在 8 月、9 月就开始启动预算了，首先制定未来 3 年到 5 年的战略，从 10 月、11 月开始，把时间线从远拉近，开始启动明年一年的预算编制。互联网企业通常也都在 10 月、11 月开始编制预算。在编制预算之前，需要财务部门提醒管理层启动战略讨论。因为只有在战略方向确定之后，预算才能落实到具体金额。

就笔者的经历而言，从自上而下的下发预算目标，到自下而上的归集预算，这个过程也需要花费一周时间。通常财务分析师还要与业务部门、管理层进行几轮讨论、修改预算，才能最终确定，所以要预留一到两周修改预算的时间。可见，预算编制有时要持续一至两个月之久。提前进行规划，合理安排时间，才能在"最后完成期限"到来之前从容不迫。

5.2　成本动因分析法

作业成本法就是将产品生产的耗费拆分到作业，然后拆分作业耗费的资源。通过这种方法，可以对成本进行准确分类，确定哪些是增值作业，哪些是非增值作业，从而改进生产流程和供应链，降本增效。"成本动因"来自作业成本法，是指导致资源消耗变化的因素和事件。但是"成本动因分析法"并不仅限于作业成本法，其作为一种分析思路，指的是财务分析师需要针对收入、成本或者费用科目探究其影响因素。在 5.1 节中我们讲到把损益表科目按照收入成本和费用拆分完毕，财务分析师需要进一步根据成本动因拆分每个科目，展现出每个科目消耗资源的情况或者其背后的驱动因素。这样一来，无论是预算的填写人员还是预算分析人员，都会对损益表变动的原因一目了然。

1. 收入成本

开始编制经营预算时，首先需要确定销售预算，只有收入目标确定之后，才能进一步确定所需的消耗资源。销售部门一般会根据过去销售业绩和未来销售趋势确定销售预算。同时，为了避免销售部门在定业绩目标的时候过于松弛，需要财务分析师配合管理层从上至下地下达预算目标。

收入成本根据成本动因进行拆解，如果是买断业务，则收入 = 订单量 × 客单价，相应的成本同样由订单量和客单价构成。如果是平台业务，则收费 =GMV× 收费率。GMV 的定义和统计口径有很多，不同平台取数的口径不同，可以简单理解为平台商家成交的业绩。平台为商家提供流量或者其他交易场景服务，所以还会跟商家收取一定的服务费用，也就是平台费用。

业绩目标确定之后，商业企业就需要去确定采购成本，而制造业企业还有制造这个环节，所以要去制定生产预算。在生产环节中发生的成本主要有直接材料、直接人工和制造费用。根据成本动因，我们可以拆分为数量和价格的影响。

$$直接材料 = 采购价格 \times 使用数量$$

直接材料的成本动因比较简单。采购价格由采购部门控制，使用数量根据生产计划和生产车间的耗费情况决定。

$$直接人工 = 工资率 \times 工时$$

其中，人工由数量因素和价格因素组成，其中工资率为价格因素。如果是计时工资，则应用工时衡量。如果是计件工资，则应使用生产零件数衡量人工成本的数量。

$$变动制造费用 = 分配率 \times 工时$$

变动制造费用就是在生产制造过程中产生的随业务量变化的制造费用。工时指衡量业务量的多少；分配率是单位制造成本，分配率越高，表示此类费用越贵。

固定制造费用则是指机器折旧、房租分摊这类固定金额的费用，不会随着生产量的变化而变化。

在实际与预算对比时，需要把因素拆解为"量差"和"价差"。直接材料、直接人工和变动制造费用类似，均可以拆分为量差和价差的影响。价差指的是采购价格的偏差，具体是实际采购价格与预算制定的标准价格的比较，如果实际采购价格高于预算制定的标准价格，那么说明采购部门的采购价格过高，造成了资源浪费。量差指的是使用效率的偏差，如果车间在使用材料和人工上不够合理，则会出现资源的浪费，那么这部分与预算的差异应该是使用部门的责任。固定制造费用比较特殊，因为其费用是固定金额，所以没有量差，价差 = 实际金额 − 预算金额。另外，产品的产量会影响单位产品的固定费用分摊金额，产量差异 = 预算 − 实际产量 × 每单位产品分摊预算费用。当实际产量比预算产量高时，会产生利好的影响，因为分摊到每件商品上的单位成本变低了。

2. 费用

费用项目同样需要拆解成本动因。

（1）薪资成本 = 平均薪资 × 人数

薪资成本可以简单划分为平均薪资和人数，如果再细分平均薪资，因为不同职级的人员有不同的平均薪资，则可以根据招聘计划中的人员级别计算各职级的薪资成本，最后再加总。

（2）福利费 = 人均标准 × 适用人数

福利费通常包括交通补贴、通信补贴、加班餐费、团建费等。每一种福利适用的人群不同，比如在有的企业交通补贴只适用于外勤人员，而内勤人员因为不出差，所以不适用。每一种福利需要按照不同的适用标准分别计算。

（3）差旅费 = 人数 × 出差频次 × 单次成本

不同岗位的出差标准不同会影响出差频次和单次成本，前端商务拓展部门出差频次高，并且由于出差城市不定而使得单次成本高；后端职能部门出差频次低，而单次成本高低不定。

（4）房租、物业费 = 单价 × 面积

房租、物业费基本固定，预算根据合同约定的金额进行填写。如果预算中考虑了大规模招聘带来的薪资成本，那么也应当考虑因目前工位不足而产生的扩租费用。另外，当合同期结束待重新续约时，房租可能又会有一定的上涨。

（5）广告费和促销费

广告费 = 价格 × 曝光量

$$促销费用 = 单价 \times 单个产品补贴 \times 销量$$

广告一般按照单击或者曝光量计费，一般很难监控用户看到广告之后是否产生了后续的转化，因为无法追溯每个用户来的原因，不确定用户是因为看到了广告才产生了消费欲望，还是用户本身就有对该产品的需求所以搜索而来。

促销费用是针对产品销售而发生的费用，比如打折促销、拼团购买等活动，在短期内比广告更易看到效果。促销费用的动因是与销售量挂钩的。当销售行为发生时，费用才会发生，因而费用是随着业绩线性变化的。

（6）研发费用 = 研发投入量 × 单价

研发费用一般有研发人员的薪资、服务器的硬件费用、专利权的申请费用等。

（7）客服费用 = 咨询量 × 单价

客服费用一般是指售后咨询的费用，客户通过电话、网络、短信等方式投诉产品使用问题产生的费用。

（8）快递费、办公费、保险费

这三种费用按照人均标准和人数进行预估，如果预算中假设未来没有很大波动，那么可以参考当前费用水平。尤其是办公费一般不随业绩波动而波动。

按照费用项目的动因拆分之后，财务分析师可以获得更加详细的费用预算底表，如图 5-3 所示。在不同费用行中标明填写人是谁，可以让各个责任中心在填写自己的费用时更加了解预测的逻辑和责任人，而不是一味地主观臆断。在明确成本动因之后，分析师也会对各部门负责哪些费用有着更清晰的认识。

填写人	P&L	Jan-20	Feb-20	Mar-20	Apr-20
HR	01 薪资	2,917,834	2,910,463	2,972,449	3,001,785
HR	OfficeHC	81	81	82	83
HR	Office平均薪资	35,915	35,917	36,053	36,022
HR	02 福利费	7,291	7,276	7,378	7,441
HR	适用人数	81	81	82	83
HR	人均标准	90	90	89	89
业务部门	03 差旅招待费	110,025	109,804	110,493	110,653
业务部门	差旅费	87,184	87,017	87,343	87,275
业务部门	交际应酬费	11,238	11,209	11,404	11,527
行政	04 房租、物业费	171,260	170,814	172,370	172,806
行政	房租	98,619	98,363	99,259	99,510
行政	物业	21,527	21,470	21,666	21,721
行政	水电	2,050	2,044	2,063	2,068
行政	装修及维护费	14,402	14,364	14,495	14,532
行政	*现有装修及维护费*	12,002	11,970	12,079	12,110
行政	*新增装修及维护费*	2,400	2,394	2,416	2,422
行政	折旧	34,663	34,572	34,887	34,976
行政	*现有资产折旧*	28,885	28,810	29,073	29,146
行政	*新增资产折旧*	5,777	5,762	5,815	5,829
业务部门	05 物流包装费	3,562	3,552	3,614	3,653

（注：图中数字的单位为元）

图 5-3

根据上述步骤建立好底表之后，预算整体的底表体系就已经形成了，如图 5-4 所示。从左至右，依次展开利润的构成因素。在后面分析的时候，可以根据已经搭建好的成本动因体系逐一进行分析。

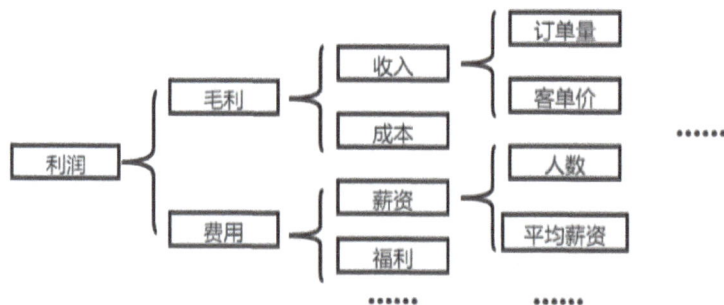

图 5-4

5.3 利用 ValQ 进行预算分析

ValQ 是 Power BI 中一个可视化图表，可以用来预算分析、预实对比。模型的数据展示方式便是依据上述所讲的内容，根据科目成本动因将费用层层剥离，如图 5-5 所示。

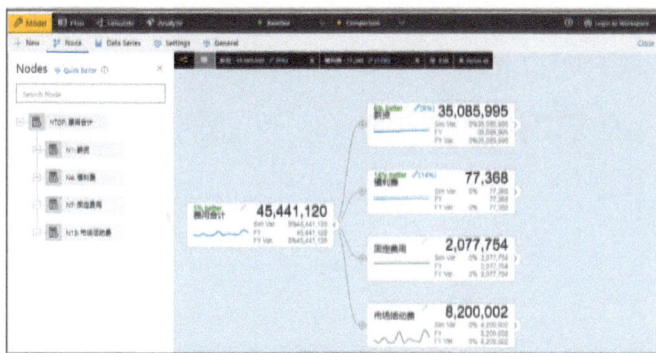

图 5-5

1. 建模

首先，按照图 5-3 的格式将 Excel 数据导入 Power BI 中，然后在应用商店中搜索并添加 ValQ 模型，如图 5-6 所示。

图 5-6

选择"可视化"窗格中的 ValQ 模型，将月份的列拖入"字段"区域的"Value"维度，如图 5-7 所示。由于该模型不会识别月份，所以要按照顺序进行导入，前 1–12 个列默认为预算的 1–12 月数据，后续 12 个字段被认为是实际的 1–12 月数字。然后，将项目列拉入"Category"维度，其中包含各项科目的成本动因。建立模型之后，会自动地显示预算与实际比较的结果。

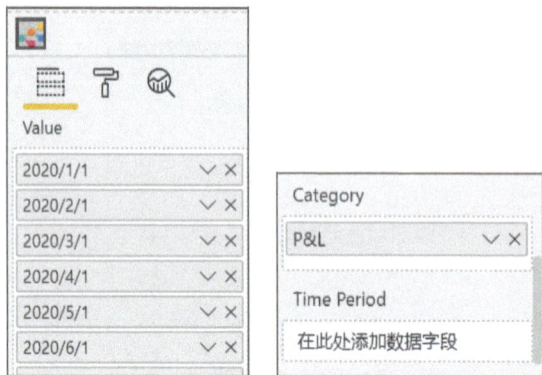

图 5-7

如图 5-8 所示，新建模型，选择"Create an Advanced Model"，模型会跳转到配置模型结构的界面。

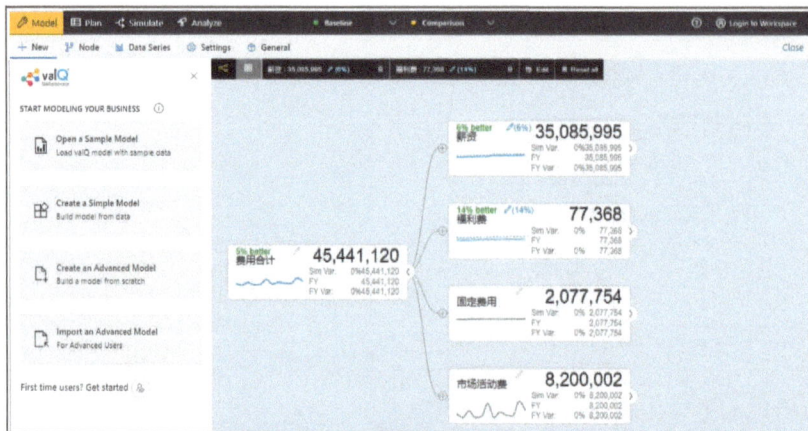

图 5-8

如图 5-9 所示，双击"NTOP：Node Title"按钮，进入编辑界面，第一个可编辑的项目页为"General"，设置成本动因的编码和名称，并且都是必填项。编码要求唯一，使用英文或者数字，名称（Title）不要求唯一，可以用中文或者英文。

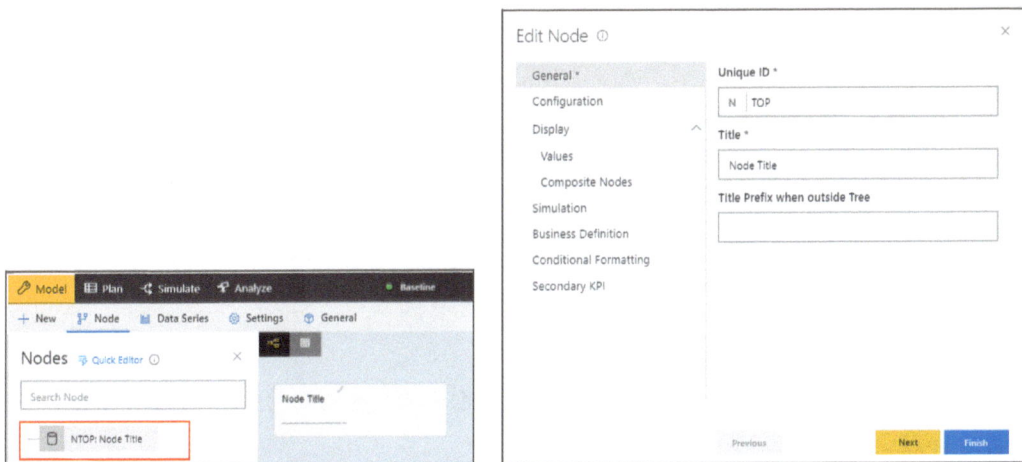

图 5-9

如图 5-10 所示，第二个项目页是"Configuration"，意为布局，其中"Calculation Method"为设定计算方式，可以设置"费用合计"为"子科目进行运算得到"，如果是直接引用某列的数据，可以选择"Data Source"，而"Source Key"选择引用的数据列，如果列名是中文，则会显示横线，如图 5-10 所示，所以只能用英文字母或数字来命名。"Time Aggregation"用来设置显示界面的数字逻辑，按照期间的合计或者平均数等进行显示。最后一项是选择数据的期望趋势，如果选择"上升"，则意为数据增长是向好的趋势；如果选择"下降"，则意为数据下降是向好的趋势，对应到费用项，应该选择"下降"，也就是"Decrease"。

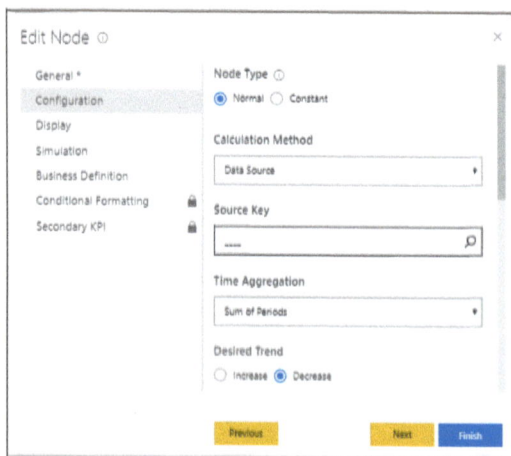

图 5-10

如图 5-11 所示，在"Display"页面设置数字显示的位数、前缀（比如：美元、人民币）和单位（比如：美元、元）。

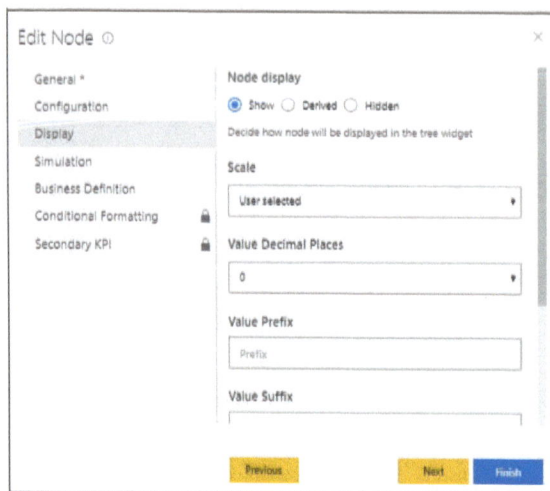

图 5-11

"Simulation"页面为选择对数据进行模拟调整时的方式，可以按照等比例增长或者不变等方式模拟未来变化。"Business Definition"页面为备注，可以用来做文字描述。

2. 模拟分析

从模型左上角转到"Simulate"界面，如图 5-12 所示。由左侧开始从上至下介绍，"Scenarios"是指模拟版本，不同版本下可以设置不同的假设条件，同时各个版本相互不会影响。

"Simulation Period"是指模拟期间，我们可以选择一年中某段期间，比如上半年或者下半年。互联网企业会不断地诞生新的业务，假设新业务是从去年 4 月份开始的，而财务分析师在比较去年和今年同比数据的时候，就无法使用去年全年的数据，因为去年 1-3 月的数据是缺失的。所以在比较同比的时候，最好只选择 4-12 月的数据，这样可以看到较为合理的同比变化。当然，如果要进行更加合理的建模，则需要考虑更多的特殊因素，比如业务发展过程中是否有重大调整。

"Value Display"是指数值的显示格式。第一行是数据显示的期间，分别有模拟期间的第一月（Month）、年初至当前对应自然月（YtD）、全年（Full Year）和模拟月份（Sim. Mths）。第二行显示数据的位数，分别精确到个位、千位、百万位和十亿位。

图 5-12 页面右侧为"数据树"，图中按照成本动因对费用合计进行拆分，拆分为薪资、福利费、固定费用、市场费用等因素，每一项还可以按照动因继续拆分。将鼠标指针挪动至各项因素区域，会显示可以左右拖动的滑块，如图 5-12 中红框标记的位置，在前面"Edit Node"页面已经设置了费用提高是不利的影响，所以当向左拖动滑块时，福利费用下降 14%，显示为"变好 14%"。当各项目变化到一定比例关系时，可以看到对于费用合计的整体影响，由于福利费在费用合计中的比例较低，所以在福利费降低 14%、薪资降低 6% 的情况下，费用合计只降低 5%。

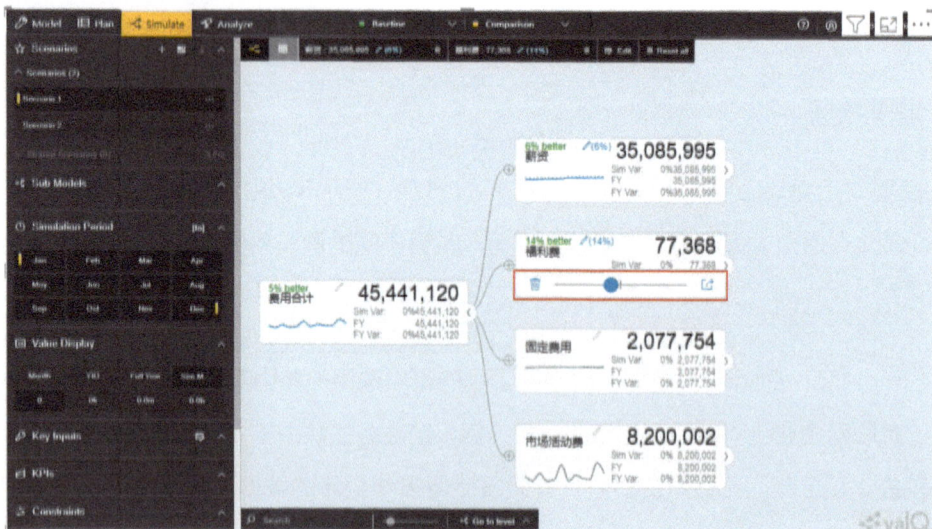

图 5-12

上述通过拖动滑块来设置费用变动条件的方法有一定局限性，因为这个功能显示的是相对数值变动的比例，而非绝对数值。但是在实际工作中我们跟业务部门讨论预算时，一般是在一定业绩和利润要求的基础上，推算可使用的费用额度的。当业务部门报的预算金额高于额度时，那么财务分析师就需要去"砍预算"了。在跟业务部门讨论费用金额之前，首先财务分析师心里要有一定的预期和目标。比如目标是下半年费用预算减少 500 000 元，那么我们需要测算每类费用能够节省的金额，以及总节省费用是否达标。这时候有一个非常简单的方法能直接修改某一部分或者某几部分的费用金额，测算总金额的变动。假设下半年薪资和福利费每月有所节省，测算对整体预算的影响，如图 5-13 所示，单击"数据树"上部的"Edit"按钮。

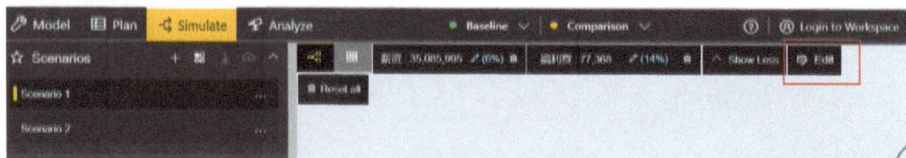

图 5-13

页面跳转到手动输入模拟条件的页面，如图 5-14 所示，图中每月金额可以直接编辑，这样便于费用按照变动的绝对值进行测算。

Maintain inputs for simulation periods				Jan	Feb	Mar	Apr	May	Jun
		Model	Variation						
薪资	🗑	% Change	(6.00)	2,734,568	2,734,720	2,778,965	2,810,436	2,844,139	2,848,245
福利费	🗑	% Change	(14.00)	6,269	6,269	6,276	6,353	6,429	6,429

图 5-14

在调整完费用之后，回到如图 5-12 中的"数据树"界面，看一下整体费用是否达到节省 500 000 元的目标。双击"费用合计"节点，可以看到其各项因素变化对整体影响的瀑布图，如图 5-15 所示，其中绝对值的影响金额已经自动显示出来，福利费下降 12 595 元（下降比例为 14%，如图 5-14 所示），薪资下降 2 239 532 元（下降比例为 6%，如图 5-14 所示），一共节省 2 252 127 元，达成了节省 500 000 元的预算目标。

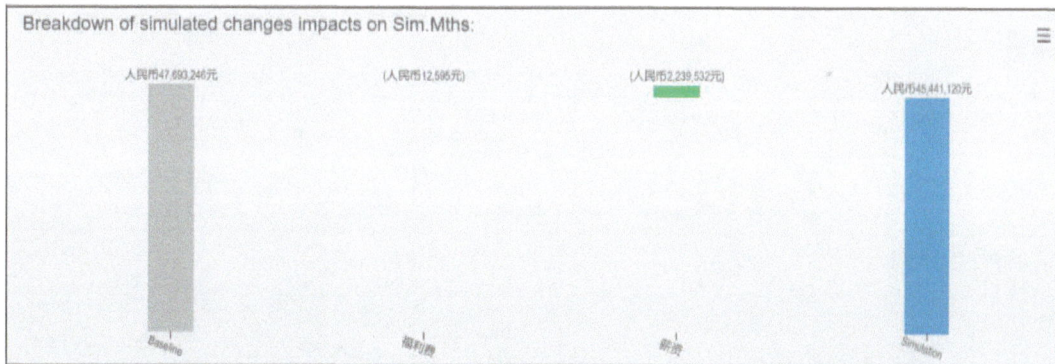

图 5-15

3. 快速合并多张报表

在收集了各部门制定的预算之后，财务分析师需要对其进行汇总，进而得到集团整体的预算情况。有两点需要注意，一是各部门的底稿格式保持一致，这样才能快速地合并预算表。这要求财务分析师在搭建底表阶段就要进行系统化的规划。如果个别部门比较特殊，如有别于其他部门的项目，需要单独细拆，那么在集团合并预算时不需要拆解到非常细的维度。假设销售部门的福利费中有一定的销售激励奖金，这个费用只有销售部门有，其他部门都不涉及，那么在集团合并预算时，就可以只汇总到"福利费"层级，不需要汇总"福利费——销售激励"这个细分维度。因为集团合并考虑的是整体预算水平，可以不汇总到特别细致的维度，至于部门间个别的特殊收入或者费用项，不影响集团合并，在集团合并表中也不需要因特殊项目而调整报表格式。

第二点需要考虑合并操作如何灵活、快速地实现。如果使用 Excel，那么操作步骤主要是使用函数，将各个部门预算的数据归集到同一个 sheet 中。缺点是需要编辑每一个单元格的函数。如果被引用的底表格式发生变化，那么函数也要调整。而在 Power BI 中有一个简单方法，那就是使用 Power Query 中的追加查询功能，如图 5-16 所示。

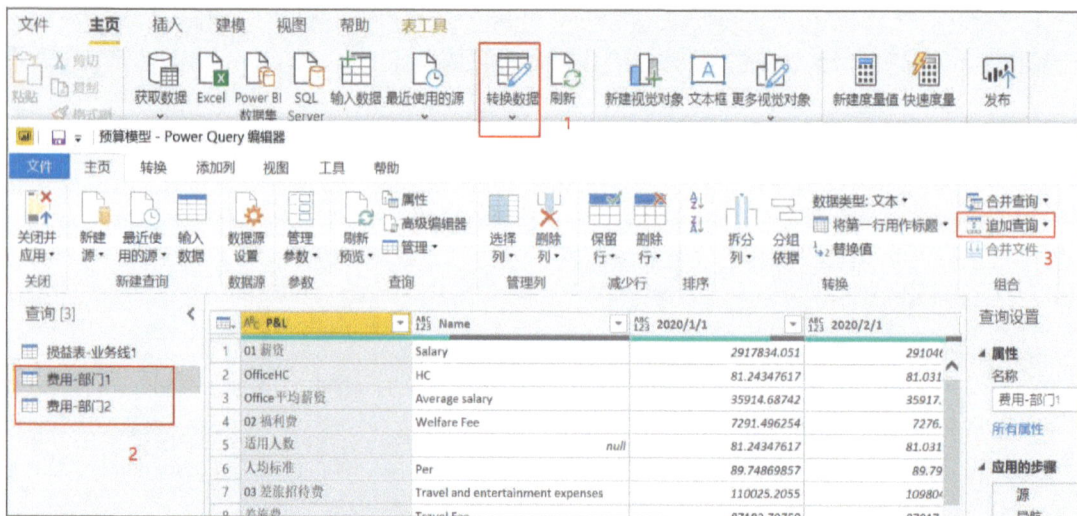

图 5-16

（1）在"主页"选项卡中，单击"转换数据"按钮，进入 Power Query 编辑器。

（2）单击"追加查询"按钮，将部门 1 和部门 2 这两张格式相同的表进行合并。在弹

出的"追加"对话框中选择要追加的表"费用－部门2"，单击"确定"按钮，如图 5-17
所示。

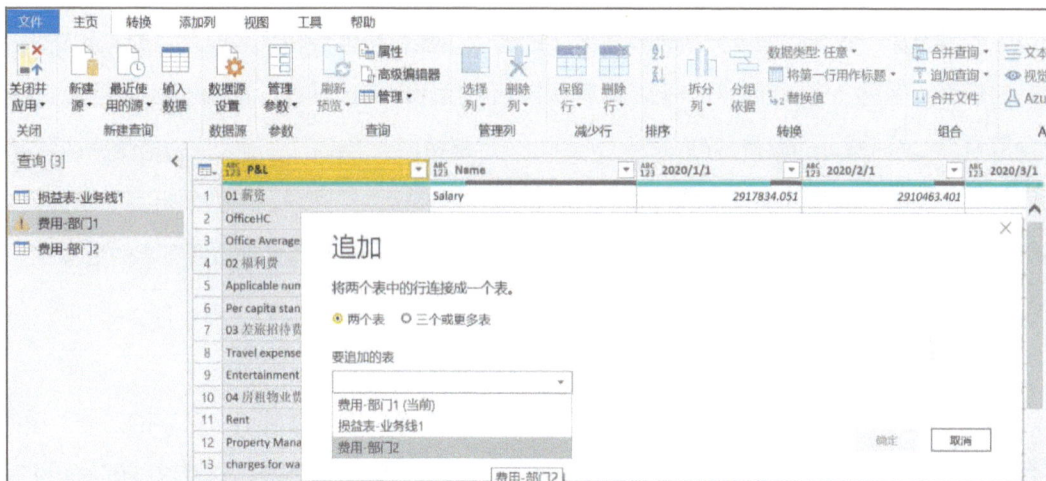

图 5-17

单击 Power Query 编辑器左上角的"关闭并应用"按钮。这样，就可以在 ValQ 可视化
视图中看到整体的数据了。

以上就是对 ValQ 的介绍。这个可视化图表可以给财务分析师带来非常清晰、易懂的分析
过程。从搭建预算底表、分析成本动因，到将成本动因在模型里按照树状图的形式体现；从模
拟数据变动，修正预算数据，到将业务线和部门数据进行汇总，最终得到整个集团的预算数据。

当各部门申报的预算与下达的目标有缺口时，需要财务分析师推动业务部门调整预算，通
过降本增效、完善收费等方式，完成集团制定的目标。本节讲述的各项因素模拟分析，可以帮
助财务分析师和业务人员进行具体的数据测算。

5.4　分析不合理的预算数字

预算是对未来的预测，预测总是存在一定的不确定性的，很可能和最后的结果产生偏差。所以，当预算执行者在给财务分析师预算数字的时候，很有可能会在填写收入、成本和费用指标的时候有所保留，将目标降低一些，以确保自己最后可以完成预算，这就是预算松弛。从公司角度看，这是对资源的浪费。作为财务分析师，一定是希望业务部门尽最大努力最终完成预算，所以预算太简单和太难都不是理想的状态。为了避免预算松弛的问题，财务分析师常常要跟业务部门和管理层反复沟通，才能达成最终的数字，我们可以从以下几点去验证数字的合理性。

1. 结合成本动因分析合理性

假设，业务部门填报的差旅费是 200 000 元。当财务分析师看到这个数字的时候，就需要思考这个 200 000 元的金额是否合理，业务方怎么得出这个数字的，带着这些问题我们跟业务部门沟通，与对方确认预测逻辑，询问 200 000 元的差旅费对应的是几个人、按照什么频率出差、乘坐什么交通工具等。财务分析师的工作原则是，确保所有收入、成本和相应的费用不是业务方"拍脑袋"得出来的数字，最后预算中的数据是合理、可执行的。如果业务方有无法预估的费用时怎么办呢？比如研发费用，需要根据项目预测，但是在年底做明年预算时未必能有明年一年的项目计划，若是如此，可以按照费用率有所下降或者费用额同比增长 20%等类似的控制原则约束业务部门。当费用率有所下降，费用的增长速度是慢于业绩增长速度的，但是这种分析不够深入，因为很多费用是固定费用或者非线性费用。理想状态是，随着业务规模扩大，固定费用的费用额保持不变，线性费用的费用率下降，并且费用额仅有小额上浮。

2. 多角度分析

目前制造企业多数在推行"精益生产"，强调零库存、标准化，提升生产管理水平。财务管理中也强调降本增效，提升企业效率的思维。财务分析师需要运用这种思维，帮助企业不断完善流程。举一个例子，一家制造型企业在生产的流程中有这样一个步骤，就是要在生产的产品内部安装一个小风扇。如果正确安装，内部的小风扇会自行转动，但是是否转动从外观上是看不出来的，并且由于流水线作业强度高，无法使用人工逐一检查问题，所以最终的次品率很高。财务分析师在考察现场作业之后，建议在流水线旁边放置一个纸风车，当风扇安装正确之后，会带动风车转动，而风车不转就说明安装有问题，在流水线作业的环境下通过这么简单的方法就检测出有问题的产品。在这个测试方法推行之后，达到了非常好的效果，降低了次品率。这个案例说明财务分析师需要具备多视角看问题的能力，从正向看，解决问题的方法就是逐一排查是否正确安装小风扇，而从逆向来看，如果纸风车不转，说明当下的产品没有正确安装，既解决了问题，又没有花费很多成本。

在财务分析师检查预算数字合理性的时候，也可以运用多种角度进行分析。比如，营销费用的使用是根据 GMV 制定的，从流量转化的角度看，基于这样一个公式：

$$GMV= \Sigma（各渠道 ROI \times 投放费用）$$

其中，GMV 和各渠道 ROI 是业务方的假设前提，在两者确定的基础上推算投放费用，这是正向确认费用的逻辑。而从反向思考，这么多的费用投入能否带来足够高的业绩呢？同样需要进行验证。比如 APP、小程序、搜索引擎等不同的投放渠道，其转化率也会不同，如果业务方在转化率低的渠道上投入过多的费用，那么最后带来的业绩则无法达到预算的目标。

3. 抓大放小

当财务分析师结合今年的实际数字制定明年预算时，起点是今年实际的结果，终点是明年预算的数字，中间的过程就是期待业务发生的转变或者进行的优化。所谓"抓大放小"，就是说财务分析师在检查预算合理性的时候，至少要清楚发生了哪些金额上的主要变动，而对于细微的变化，可以适当忽略。假设今年实际的 GMV 是 500 000 000 元，收费率 5%，利润是 5 000 000 元。预测发生的变化主要是业绩增长 20%，收费率提升 1%，市场费用同时增加 3 000 000 元，那么预算的利润应当是 13 000 000 元。而如果实际预算的数字是 15 000 000 元，那么就还有 2 000 000 元的利好变化没有得到解释。2 000 000 元的差异相较于 13 000 000 元的利润还是有非常大的影响的，可能是业务有其他费用或者收入，也有可能是财务分析师的底稿公式出现了问题，仍需要进一步查验。

预算工作任重而道远，需要财务分析师投入大量的精力。但是这对于财务分析师提高数字敏感度、沟通能力和深入了解业务则是很好的锻炼。

前面章节主要介绍了搭建财务模型、出具财务分析报告、财务风险控制和编制预算等内容，从这几方面拆分了财务分析师日常的主要工作。而本章将列举完整的财务分析或者管理会计案例，通过剖析实际过程中遇到的财务问题，丰富财务分析应用场景，帮助大家系统思考。从方法论上讲，所有的问题解决主要是三步，拆解问题、分析问题和解决问题。通过以下案例，大家可以结合自身情况进行参考。

6.1 衡量盈利能力的指标——丰田的精益生产

大野耐一曾是丰田汽车公司的副社长，在任职期间他大力推行了及时生产和精益化生产，奠定了汽车行业的"丰田生产方式"。其生产理念和管理会计中对于成本控制的观念是十分契合的。在大野耐一的领导下，丰田率先创造了及时生产，也就是客户在下单后，企业再进行相应的生产和采购，减少平时储备的存货，努力做到零库存。大野耐一的及时生产的思维，站在管理会计的视角，就是优化企业存货管理。存货虽然是企业的流动资产，但是其流动性是所有流动资产中最差的，库存高的企业占用资金金额大。所以存货的周转速度决定着企业资金的使用效率。客户订货后再进行采购和生产，就使丰田的生产环节无论是原材料，还是产品和产成品库存都保持在极低的水平，占用极少的资金，提升了运营效率。

大野耐一在丰田的精益化生产实践的核心就是去除浪费，并且注重生产细节和员工现场管理能力的培养。比如，他曾在一次视察工厂时发现，上一个环节生产的在产品运转到了下一环节，但是下一环节产能跟不上，造成了在产品堆积在工厂而没有继续被加工。于是大野耐一让工人把在产品运回上一环节，并要求工厂的经理和员工思考如何改善加工流程。为了控制成本，大野耐一对生产的每一环节和周转都严格把控。

丰田的精益化生产和零库存模式能够加速存货周转，但是存在一个基本前提，就是市场对于商品有足够的需求。什么是"足够"呢？就是市场上生产出来的商品都可以被有意愿的消费者购买。如果消费者没有充分的需求或者市场竞争激烈导致供大于求，那么企业的核心发力点就未必是降低成本，而应是提升销售。因为企业的利润源头还是销售，如果产品滞销，即使企业的运营效率非常高，但是没有利润来源，最后也只有破产倒闭。

与丰田公司改进内部运营流程、提高存货周转效率不同，很多互联网公司也会有意识地提升存货周转率，但是更主要的目的是提高盈利水平。在杜邦分析的指标中，有一个资产净利率的指标，我们在衡量资产的盈利能力时会使用这个指标。这个指标可拆分为以下公式：

$$资产净利率 = 销售净利率 \times 资产周转率$$

在衡量盈利性时，

$$资产周转率 = 销售收入 \div 平均资产余额$$

假设销售净利率不变，本期盈利为 100 元，当存货周转由 2 次变为 4 次，那么盈利也就变为 200 元。所以在提高资产周转率的同时，也可以提高存货的盈利能力。通过优化自身持有存货，提高存货周转效率，进而提升企业的盈利能力。

很多互联网公司所处的竞争环境十分恶劣，由于众多竞争者的存在，市场供大于求，在这种环境下很多公司想多做业绩，就选择打价格战，"烧钱"补贴用户，刺激用户的消费欲望，从而购买更多产品。比如，每逢"618""双十一"这些节日，电商企业都会降价促销，就是通过牺牲销售净利率、提升资产周转率，进而使资产净利率得以不变或者提升。加快存货的周转速度，追求更高的资产盈利水平。这种大促日对于电商企业的业绩增长非常明显，以至于现在几乎每个月都有"节日"可以过，比如各类电商的周年庆、临近过年的年货节，还有诸如"718""818"等吉利数字凑成的数字节，在消费者对越来越多的促销刺激免疫情况下，电商企业也只能想方设法地加大刺激力度。

无论是为了提高企业运营效率还是提高盈利能力，都使得企业需要在经营过程中把控存货的周转速度。财务分析师在日常工作中也需要对存货进行实时监控，一方面是确保存货正常流转，如果出现较长库龄的情况，则需要及时确定原因，推动业务方及时处置相关存货，避免存货减值的风险；另一方面是监控公司的销售策略调整时的周转率变动，比如降价促销、延长赊销账龄，需要关注存货的周转速度是否有所提升。

如图 6-1 所示，工作表展示了一家电商企业截至 2019 年 12 月 31 日的库存和销售情况。结合这份数据，财务分析师可以在 Power BI 中构建可视化图表，分析和监控存货数据。

物品编码	年份	当前日期	类别	上市日期	采购量	采购价	零售价	销量	销售额	销售成本	库存数量
Y002398	2019	2019/12/31	手机	2018/3/1	86	3,813	4900	1	4900	3,813	85
Y002399	2019	2019/12/31	平板	2018/3/1	47	2,144	1230	9	11070	19,299	38
Y002400	2019	2019/12/31	家电	2018/3/1	46	380	600	5	3000	190	41
Y002401	2019	2019/12/31	奢侈品	2018/3/1	43	11,375	12000	16	192000	181,995	27
Y002402	2019	2019/12/31	家电	2018/3/1	84	322	600	8	4800	2,574	76
Y002403	2019	2019/12/31	手机	2018/3/1	100	6,143	4900	30	147000	184,301	70
Y002404	2019	2019/12/31	平板	2018/3/1	56	1,910	1230	10	12300	19,099	46
Y002405	2019	2019/12/31	家电	2018/3/1	105	553	600	21	12600	11,620	84
Y002406	2019	2019/12/31	奢侈品	2018/9/1	103	10,750	12000	12	144000	128,999	91
Y002407	2019	2019/12/31	手机	2018/9/1	117	817	4900	29	142100	23,703	88
Y002408	2019	2019/12/31	平板	2018/9/1	64	634	1230	13	15990	8,236	51
Y002409	2019	2019/12/31	家电	2018/10/1	68	508	600	25	15000	12,707	43
Y002410	2019	2019/12/31	家电	2018/10/1	39	494	800	13	10400	6,418	26
Y002411	2019	2019/12/31	奢侈品	2018/10/1	48	20,779	12000	29	348000	602,583	19
Y002412	2019	2019/12/31	平板	2018/10/1	82	1,410	1230	8	9840	11,283	74
Y002413	2019	2019/12/31	家电	2018/10/1	64	1,378	800	23	18400	31,691	41
Y002414	2019	2019/12/31	家电	2018/10/1	-	491	800	0	0	-	0
Y002415	2019	2019/12/31	手机	2018/12/1	30	7,538	4900	28	137200	211,075	2
Y002416	2019	2019/12/31	平板	2019/2/1	97	968	1230	1	1230	968	96
Y002417	2019	2019/12/31	家电	2019/2/1	101	652	800	17	13600	11,076	84
Y002418	2019	2019/12/31	奢侈品	2019/2/1	61	7,384	12000	21	252000	155,069	40

图 6-1

首先来思考一下，通过什么指标可以满足日常监控的需要？监控存货，主要是监控那些库龄长的存货，所以"库龄"是必不可少的监控指标。另外，还需要了解库龄长的存货是否在所有存货中占比高，如果非常高的话，那就说明整个业务出现了系统性风险，就像一个病入膏肓的病人，需要进行根本性变革才有机会根除顽疾。因此，我们还需要了解各组库龄占整体比例的指标。另外，需要增加存货周转率这个直接反映周转速度的指标。综上所述，库龄、库龄占比、存货周转率是三个需要构建的指标。将图 6-1 中的存货数据导入 Power BI 中。

1. 建立库龄、库龄占比指标

根据需要建立度量值，在 Power BI 的"建模"选项卡中选择"新建度量值"，如图 6-2 所示。

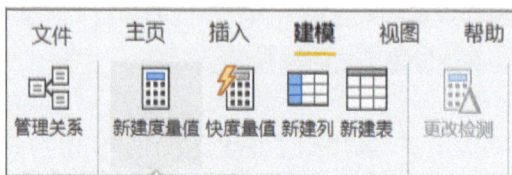

图 6-2

度量值公式如下：

销售数量 =
SUM（'库存表'[销量]）
销售金额 =
SUM（'库存表'[销售额]）
库存量 =
SUM（'库存表'[库存数量]）

图 6-1 中的表格里有"销售额"字段，但是没有"库存金额"字段，因此需要将每一类商品的库存量和采购价格相乘并求和得到，所以这里需要用到 SUMX 函数。

SUMX 函数属于行上下文函数，语法结构如下：

SUMX（'表'，表达式）

公式的含义是表格从上至下逐行进行扫描，先执行表达式的计算，然后将各部分计算结果加总。

库存金额 =
SUMX（' 库存表 '，' 库存表 '[库存量] * ' 库存表 '[采购价]）

如果是用 SUM 函数，则需要先构建价格和数量的乘积，然后再构建求和。使用 SUMX 函数就可以节省上述运算的中间过程，有助于节省时间。

计算每个产品对应的"库龄"，采取新建列的形式，因为这里需要逐行进行判断。本案例中是截至 2019 年 12 月 31 日的库存情况，所以公式如下：

库龄 =
DATEDIFF（' 库存表 '[上市日期]，' 库存表 '[当前日期]，MONTH）

其中，DATEDIFF 函数用于计算两个日期之间的差值，前两个参数分别是初始日期和结束日期，第三个参数是指计算差值返回的单位，为年份、月份或者日等。上述公式意为计算当前日期距离上市日期过去的月份数。如果每个月更新数据后，这里的日期还需要手动调整，那么也可以直接将其中的' 库存表 '[当前日期] 改为 TODAY() 函数。

下面继续新增列，用 SWITCH 函数对库龄进行分组：

库龄区间 =
SWITCH (
    TRUE (),
    ' 库存表 '[库龄] <= 3, "3 个月以下 ",

'库存表'[库龄] <= 6, "3-6 个月 ",

'库存表'[库龄] <= 9, "6-9 个月 ",

'库存表'[库龄] <= 12, "9-12 个月 ",

" 一年以上 "

2. 建立存货周转率指标

在财务管理中，存货周转率有着标准的公式，若分析存货的流动性，则可以使用：

存货周转率（次数）= 销货成本 ÷ 平均存货余额

如果是分析盈利能力，可以使用：

存货周转率（次数）= 营业收入 ÷ 存货平均余额

要结合分析的目的去选择相应的指标。前面讲述的丰田精益生产案例中，丰田公司为了提高运营效率，减少库存，分析时更适合用销货成本相关的存货周转率；而在互联网促销案例中，为了分析加快周转速度对盈利能力的影响，使用的是与营业收入相关的资产周转率。而这里假设为了提高库存周转效率，监控库龄长的存货，则选择的是以销货成本作为指标构建的存货周转率。按公式创建度量值如下：

存货周转率 =
VAR Purchase =
    SUMX（'库存表'，'库存表'[采购价] * '库存表'[采购量]）
RETURN
    DIVIDE（SUM（'库存表'[销售成本]），DIVIDE（'库存表'[库存金额] + Purchase，2））

3. 制作可视化报告

如图 6-3 所示，在"可视化"窗格中选择"瀑布图"，建立库龄区间的瀑布图，*X* 轴选择"库龄区间"列，Y 轴选择"库存量"，并将 Y 轴的值显示为各部分占整体的比例。

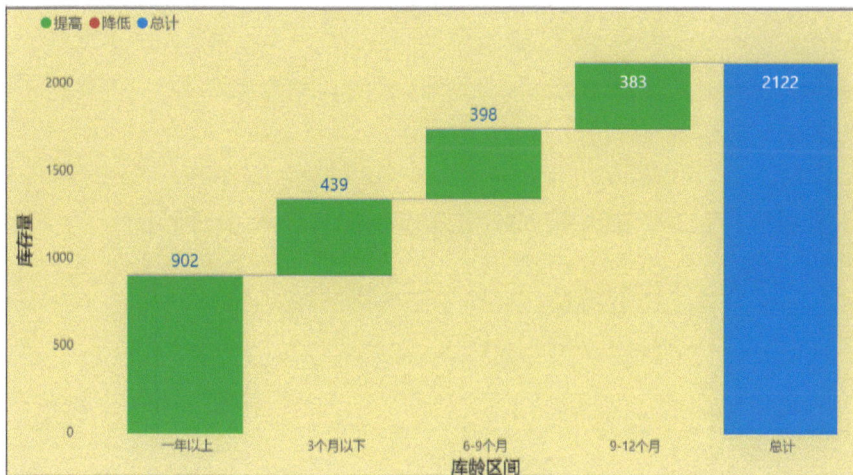

图 6-3

如图 6-4 所示，右击"库存量"，选择将值显示为"占总计的百分比"。这样，图 6-3 中瀑布图的 Y 轴就会显示"占库存量的 %"。

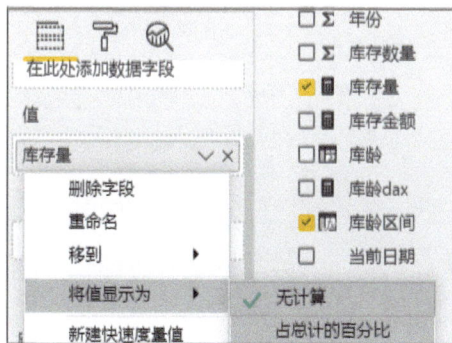

图 6-4

如图 6-5 所示，在"可视化"窗格中选择"卡片图"，将前面创建的度量值"库存量"、"库存金额"和"库存周转率"放入可视化图表。

图 6-5

如图 6-6 所示，在应用商店中搜索并添加自定义图表 Chiclet Slicer。

图 6-6

在"可视化"窗格中选择 Chiclet Slicer，创建品类切片器，加入"类别"字段，用来切换观察不同品类的库存情况和周转速度，如图 6-7 所示。

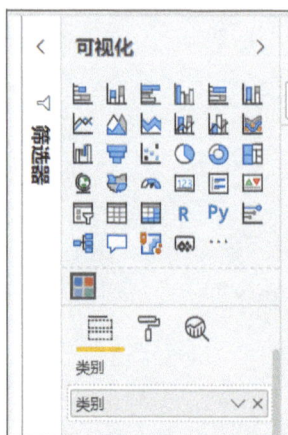

图 6-7

如图 6-8 所示，切片器默认是按照拼音首字母顺序排列的，但是如果按照各品类的销售量排名，手机是销售占比最高的品类，应该放在左上角第一的位置，所以这里需要手动调整一下顺序。

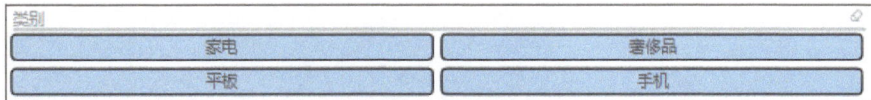

图 6-8

如图 6-9 所示，选择"输入数据"，在"创建表"中手动输入品类和对应的顺序。

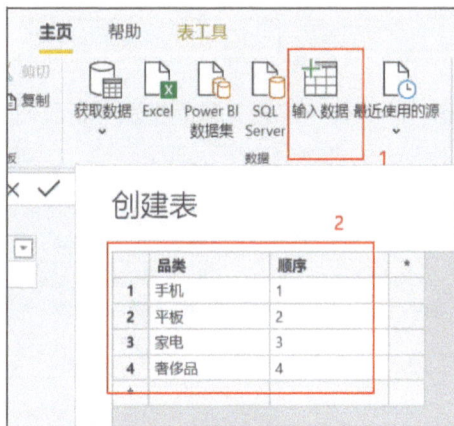

图 6-9

如图 6-10 所示，在"模型"界面中，将"品类顺序"中的"品类"列拖至"库存表"的"类别"列，两个表之间会出现代表已建立联系的连线。

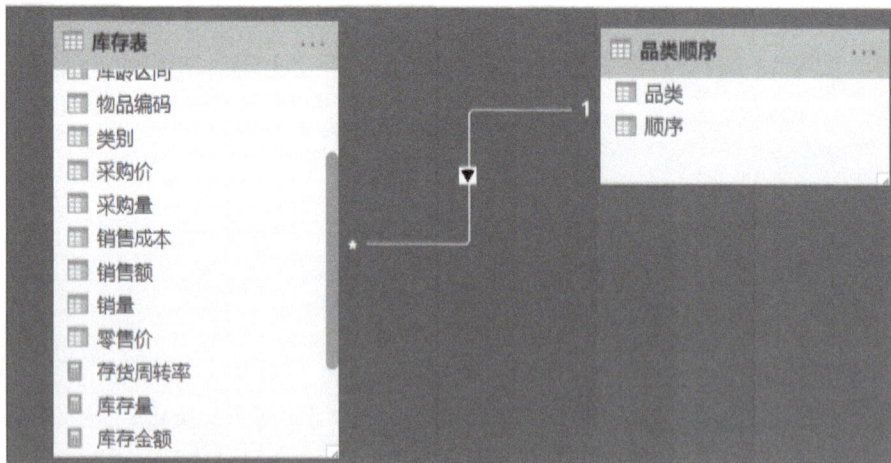

图 6-10

在"建模"选项卡中单击"新建列"按钮，在库存表中新建列。

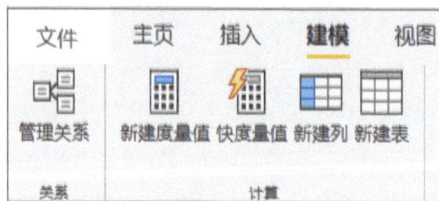

图 6-11

使用 RELATED 函数将品类顺序表中的顺序字段引入库存表中，公式如下：

品类顺序 = RELATED(' 品类顺序 '[顺序])

其中，RELATED 函数的功能就是将存在联系的其他表中的列引入当前表中。

如图 6-12 所示，在"数据"界面的"库存表"中，选中"类别"列，排列顺序选择按照"品类顺序"，这样在 Chiclet Slicer 切片器中，品类就会按照已经设定的顺序进行排列了。

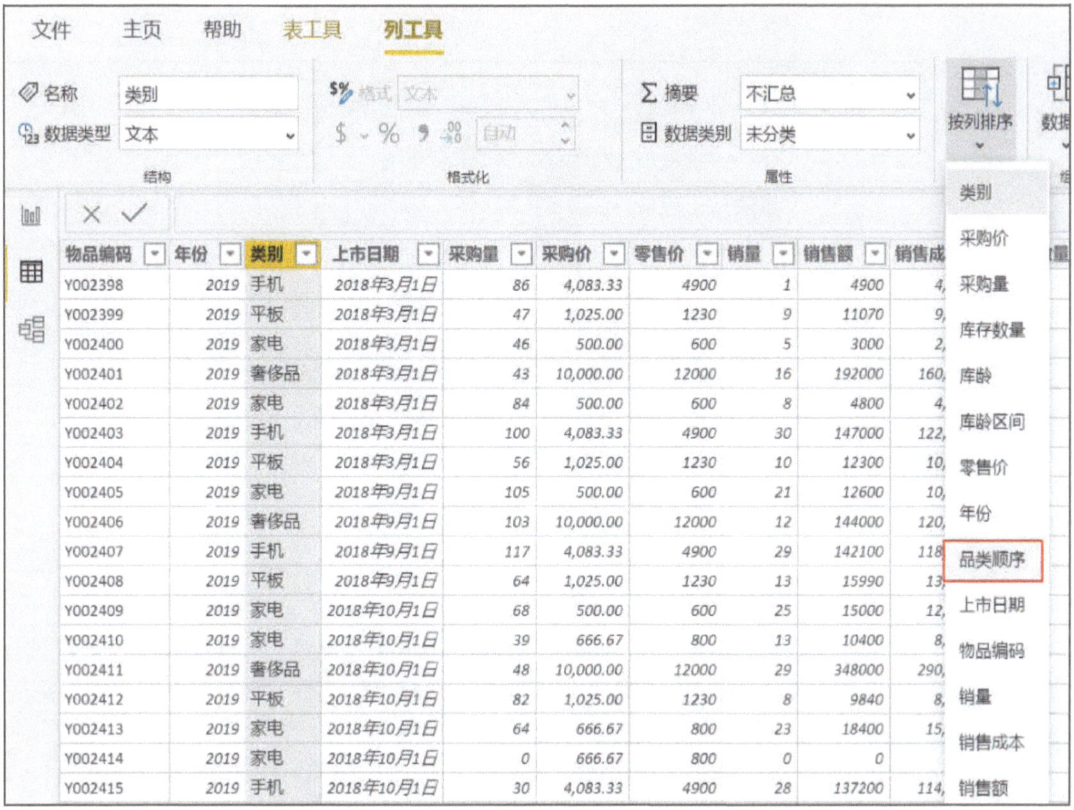

图 6-12

另外，为了监测不同品类的盈利情况，在"建模"选项卡中单击"新建度量值"按钮，创建毛利率度量值如下：

毛利率 = DIVIDE(' 库存表 '[销售金额]-' 库存表 '[销售成本 1], ' 库存表 '[销售金额])

在"可视化"窗格中选择"堆积柱状图"，创建各品类的毛利率柱状图，如图 6-13 所示，将"类别"字段放入轴，将"毛利率"字段放入值。

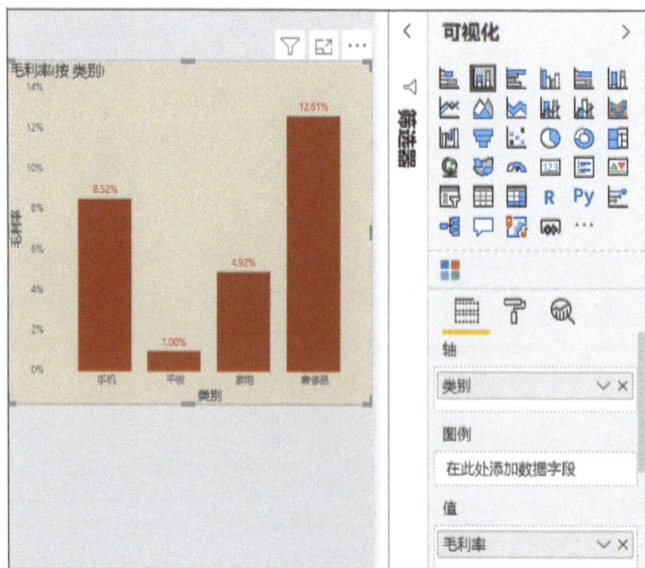

图 6-13

与之前创建的其他图表一起进行排版，通过调整页面背景和边框，将其组合在一起，形成完整的库存情况的可视化图表，如图 6-14 所示。

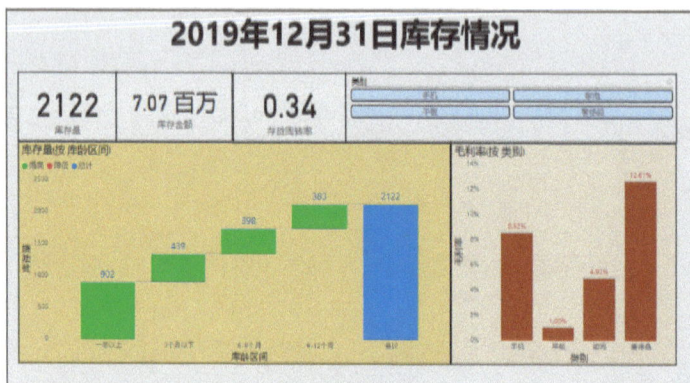

图 6-14

可视化图表搭建好之后，每个月只需要更新底表数据并刷新，就可以得到更新的可视化图表了。实时监控数据只是改善公司运营效率、降本增效的第一步，后续仍要不断了解业务，走到业务第一线，才能发现数据背后反映的问题。

财务部门作为职能部门往往不受关注，其实财务部门除了基本的记账和展示数据的工作外，可以创造的价值非常巨大。像案例中的丰田企业一样，在日常的生产经营中往往就蕴涵着管理会计的知识。至于如何将知识运用到工作中去，则需要财务分析师自己思考。

6.2　边际贡献分析法——生活或企业决策中的应用

在财务部提供决策支持时，需要考虑和决策相关的因素，剔除不相关的因素。尤其是在做和利润相关的决策时，需要辨别哪些是影响利润的因子，从而纳入财务模型中。而这种决策思维就叫作"边际贡献分析法"。

1. 生活中的边际贡献分析法案例

曼昆的《经济学原理》中有这样一个案例，一家美国的航空公司需要对正在等待退票的乘客收取多高的费用进行决策。哪些人是正等待退票的人呢？当然是想坐飞机却没有买到票的人。假设一架 200 个座位的飞机横越美国飞行一次，航空公司的成本是 10 万美元。在这种情况下，每个座位的平均成本是 500 美元。有人会得出结论：航空公司空置座位的票价不应该低于 500 美元。

但有人提出，航空公司应该考虑通过边际量确定价格。假设一架飞机在即将起飞时仍有 10 个空位。在登机口等退票的乘客愿意支付 300 美元买一张票。航空公司应该卖给他票吗？当然应该。如果飞机有空位，那么多增加一位乘客的成本是微乎其微的。虽然一位乘客飞行的平均成本是 500 美元，但其中绝大部分是固定成本，无论有没有乘客都会发生。但边际成本仅仅是这位额外的乘客将消费的一包花生米或一杯饮品的成本而已。所以 300 美元卖出机票仍是有利可图的。

这其中的分析方法叫边际贡献分析法，将追加的收入和追加的成本相比较，二者相等时为盈亏平衡点，同样是决策的临界点。这样分析可以避免固定成本的影响，因为无论是否追加投入，固定成本都已发生，这是无法改变的事实。

生活中同样有很多需要用到边际贡献分析法的例子。例如，机场一般都是远离市区的，很多出租车司机愿意到机场接客人，因为那边往往是单程比较远的客人，可以挣得多。而如果在市里，出租车司机大部分接的单子单程比较近。那么，是不是去机场接客人就一定挣得多呢？

其实未必。假设司机师傅有两个选择方案，A 方案是在机场接客，完成一单能挣 150 元；B 方案是在市区接客，平均每单是 30 元。边际成本都有哪些呢？第一个是油费，假设油费是每单收入的 10%。除此之外，还有时间成本。一个司机一天工作的时间是 12 小时，他们的工作时间是有限的。如果想要利润最大化，就要在有限的时间内去考虑做何种选择。A 方案首先要从市区去机场，如果不是接上一个恰好要去机场的乘客，那么从市区到机场就要花费不少时间，而且这段时间是没有收入的，再算上排队接客和从机场返回市区的时间，平均一单花费 2.5 小时。B 方案由于路程近，每单完成用时 20 分钟，一小时平均接 2.5 单。

A 方案每小时的边际贡献为：$150 \times (1-10\%) \div 2.5 = 54$ 元

B 方案每小时的边际贡献为：$30 \times 2.5 \times (1-10\%) = 67.5$ 元

计算结果是，B 方案的边际贡献更高，应该选择 B 方案。而在实际应用中肯定比上述案例更加复杂。如果司机在市区接到一单去机场的大单，那么再加上从机场回来的一单，A 方案的边际贡献可以翻倍，提高到 108 元，这样就会比 B 方案更优。

按照上述思路，可以看出在分析的时候并没有考虑固定成本的投入，如果是个人所有的出租车，那么要考虑出租车的损耗、老化，对应到会计费用中就是资产折旧；如果是公司租赁给司机的出租车，那么司机师傅每天需要上交固定金额的租车费。这些费用与在市区还是机场接单无关，都是固定发生的，不影响最终决策。边际贡献分析法虽然看上去简单，但是实际应用很广泛。

2. 企业决策中的边际贡献分析法案例

边际贡献分析法还广泛应用在企业决策中。

（1）背景介绍

以普通的电商平台公司为例。假设现有的收费模式是按照平台上商家销售业绩的 4% 向商家收取佣金。然后平台将从其中收到业绩的 2% 用于投放广告，从而确保平台自身流量的稳定增长，这部分投入属于变动成本。平台的运营成本，包括人力、研发费、房租、物业费等，约为业绩的 1.5%，这部分可以理解为是固定成本。最后，公司的利润率为 0.5%。

假设有卖家跟平台反馈 4% 的扣点过于高了，卖家自己的利润被压缩得很低，所以强烈要求平台降低扣点。平台的管理层经过讨论之后发现，不能直接下调扣点，否则平台的收益无法覆盖所有成本。平台的成本结构比较简单，2% 的变动成本和 1.5% 的固定成本，降低收费率不能改变固定成本金额，而变动成本是用来购买外部流量的费用，只有更多曝光，才能让更多的用户了解平台，产生后续的转化、留存，也只有更多的用户才能吸引商家入驻，平台得以健康发展。所以这部分费用投入是十分有必要的。降低扣点之后给平台带来的最直接的结果就是利润率被压缩，甚至产生亏损。

（2）方案选择

管理层构想了一个新的方案，将 4% 的扣点调整为 2% 的扣点和 1%~3% 的广告投放。1%~3% 的广告投放就相当于要求卖家按照销售业绩的 1%~3% 付给平台，作为流量购买的费用。按照给的比例多少，平台给予商家不同比重的资源倾斜。在旧的收费模式里，商家的曝光依据的是平台整体的流量，按照商品数量平均分配。而在新的规则里面，当商家购买更高比例的流量时，应会获得更多的曝光，而商家如果厌恶高的收费率，那么可以只投入业绩的 1%。这种做法将商家作为价格歧视的对象，根据商家的需求弹性不同，使其自由选择满意的方案。最终实施下来，商家的满意度得以提升，而且平台的收入也没有降低。

对于商家来讲，相比于直接给平台扣点，更能接受的方式是投放广告，因为商家可以感知到投入更多的金额可以带来更多的资源。平台扣点给商家的感知是入驻平台的"入场券"，但是 4% 的入场券成本过于高了，当入场券降至 2% 时，商家会感知到入驻的成本降低。对于平台，虽然收费从 4% 调整到了 3% 至 5% 这个区间，但是大部分商家，尤其是头部商家，为了更好的业绩，很可能会加大广告投入，那么最后的期望收费率甚至会提高到 4% 及以上。

下面从定量的角度分析收费方案的优劣。假设将 4% 的扣点调整为 2% 的扣点和 1%~3% 的广告投放后期望收费率仍然为 4%，那么实际收费没有变化，同时变化前后的边际贡献率也是相同的。如果是两个边际贡献率相等的方案，那么财务分析师是无法从量化的角度去判断哪个方案更优的。但其实新方案（2% 的扣点和 1%~3% 的广告投放）的对标方案不应该是旧方案（4% 的扣点），这是为什么呢？大家注意新方案推出的背景，是在某些商家诟病平台高扣点政策、要求平台降低扣点的情况下，为了留住平台的商家，管理层需要调整收费模式，所以旧方案的收费策略就不成立了。

而最直接的替代方案是直接降低扣点，假设降为 3% 之后才能平复商家的情绪，同时平台还要维持 2% 的广告投放以保证平台规模增长，那么边际贡献率就会被压缩到 1%。与之相比，新方案的期望收费率为 4%，广告投放同样是 2%，边际贡献率为 2%，比最直接的替代方案有所提升。所以，新方案的收费策略更优。

（3）用 Power BI 构建可视化面板

根据这个案例的描述，使用 Power BI 构建一个测算面板，从而帮助财务分析师在未来做决策时能够快速地得出结论。下面通过面板，展示新方案（2% 的扣点和 1%~3% 的广告投放）和直接替代方案（3% 的扣点）的边际贡献结果。本案例中的变量有佣金收费率、广告收费率、变动成本率（投放广告），这些变量共同作用于边际贡献率。

在"建模"选项卡中单击"新建参数"按钮，如图 6-15 所示。

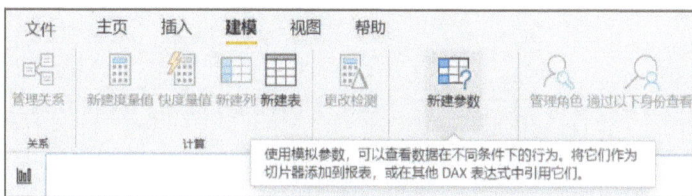

图 6-15

在弹出的"模拟参数"对话框中创建"佣金收费率"参数，数据类型为"定点小数"，值的区间在 0 至 0.1，每次增量 0.01，如图 6-16 所示。

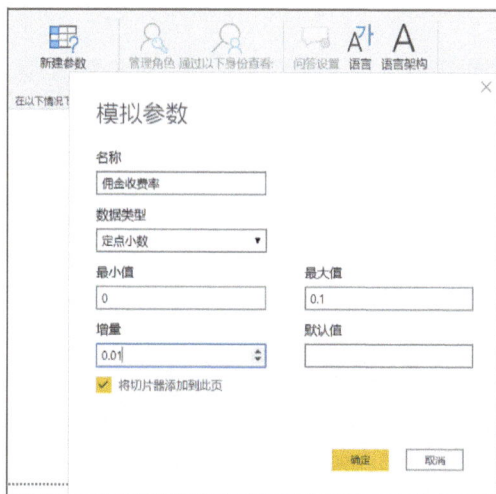

图 6-16

根据"佣金收费率"参数的创建方法，分别创建"广告收费率""变动成本率（投放广告）"等参数。完成之后，在"报表"界面的可视化区域会出现已建立的 3 个参数的滑块，如图 6-17 所示。

图 6-17

单击"建模"选项卡的"新建度量值"按钮，建立"边际贡献率"度量值，公式如下：

边际贡献率 =
'佣金收费率'[佣金收费率 值] + '广告收费率'[广告收费率 值] - '变动成本率（投放广告）'[变动成本率（投放广告）值]

在"可视化"窗格中选择卡片图，将已建立的"边际贡献率"度量值加入字段，如图 6-18 所示。

图 6-18

将可视化区域的参数调整为新方案的比率，如图 6-19 所示。

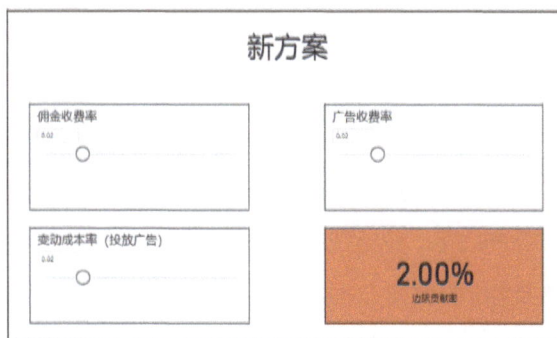

图 6-19

最直接替代方案的比率如图 6-20 所示。从边际贡献率大小可知，新方案的边际贡献率更高，因而更优。

图 6-20

总结一下，边际贡献分析法主要有几点假设前提：

（1）固定成本已经全部分摊完毕。只有假设固定成本已经在已有的产品里全部分摊完毕，那么未来生产的产品所对应的成本才只有变动成本。

（2）考虑数据相关性，考虑未来情况，过去的成本和其他不相关成本均不纳入考虑。

（3）不同方案产生的数据必须要有差异，否则就无法从定量分析上进行取舍。

边际贡献分析法主要应用的情景有：

（1）企业拥有闲置产能，如果没有额外的产量需求，那么这部分产能也是浪费的，固定成本已经发生，并且在核算的口径，已经把固定成本分摊到现有生产的产品里去了。所以，额外生产的产品就只要考虑销售价格和变动成本的关系，从而判断是否生产。前面列举的航空公司销售机票就属于这种情况。

（2）企业的产能有限，需要在两种及以上的经营方案中选择最优解，从而获得最大化的边际贡献。前面所举的出租车案例和电商平台收费案例属于这类情况。在方案选择时，如果生产设备折旧、人力成本等费用必然发生，与方案选择无关，那就是无关成本，在考虑方案时不作为变量计入。

思考一下，如果利用边际贡献分析方法，在什么情况下企业才值得持续经营呢？由于固定成本已经发生，无论是否生产经营都不会改变固定成本，那么只有当边际贡献为正时，才值得持续经营下去。如果边际贡献为负时，持续经营只会让亏损不断扩大。

但是，即使可以持续经营，公司也未必能获得利润。利润的公式如下：

$$利润 = 边际贡献 - 固定成本$$

可见，只有当边际贡献大于等于固定成本的金额时，才能产生正的利润。而边际贡献等于固定成本的状态则称为达到了"盈亏平衡点"。关于对盈亏平衡点的探讨，又可以引申出另外一个分析工具——"本量利分析"。

6.3 本量利分析——促销中的盈亏平衡

本量利分析是"成本—业务量—利润分析"的简称。它被用来研究产品价格、销量、单位变动成本、固定成本总额、销售产品的品种结构等因素的相互关系，据以做出关于产品结构、产品定价、促销策略，以及生产设备利用等一系列决策的方法。本量利分析中最常用的是"盈亏临界点分析"或称"保本分析"。许多人把本量利分析和盈亏临界点分析等同起来，确切地说，盈亏临界点分析只是本量利分析中的一种。显然，盈亏临界点分析并非只着眼于找出一个不盈不亏的临界点或称保本点，它所期望的是尽可能获得更多经营成果。这种分析方法可以用来预测企业的获利能力；预测要达到目标利润应当销售多少产品（或完成多少销售额）；预测变动成本、销售价格等因素的变动对利润的影响等。

当企业的边际贡献等于公司的固定成本之时，也就达到了前面所讲的盈亏平衡点，即：

固定成本 =（销售收入 - 变动成本）× 销量

盈亏平衡点的销量 = 固定成本 ÷（销售收入 - 变动成本）

企业想要生产，势必要有固定成本和变动成本的投入，而一般固定成本是最先发生的，比如购买机器设备、租赁房屋等，在生产前都要配置完毕。无论是否进入生产状态，这些固定费用都要支出。如果不进行生产经营，那么企业亏损最大的是固定成本；当进入生产状态，收入带来的边际贡献小于固定成本，那么企业还是处于亏损状态；只有当生产的边际贡献超越固定成本，才进入盈利状态。

酒店服务业就是典型的应用本量利分析的商业领域。它每年都会产生大量的房屋折旧、人员成本等固定成本，收入和变动成本来源于每间房间的出租。在制定营销计划和预算过程中，就需要通过本量利分析来计算出租多少房间才能达到盈亏平衡点。酒店一般瞄准对住宿有大量需求的航空公司和旅行社，通过与之合作，预售出一定量的房间，以达到企业盈亏平衡的需求。这些协议价格会比各个网站上的挂牌价格低不少，但是这部分价格可以给酒店带来稳定的客流和消费，保证了酒店达到正常营业的条件。与此同时，适当提高对散客的收费价格，可以提高自身盈利、拉高业绩。所以大家在出去旅游时，会发现自己在网站上订酒店和通过旅行社订酒店的价格差异很大，这就是酒店针对不同消费者而形成的价格歧视。除了酒店业，其他行业也会利用不同的价格歧视策略来助力销售。互联网电商企业会在"618""双十一"等大促活动采用渗透性定价策略，通过优惠价格吸引消费者购买商品，提高销量来拉高整体边际贡献。由于不同行业有着不同的行业特性，制药企业往往会采用撇脂性定价策略，在研发出一款新药之后，以高价销售，在市场需求相对固定的情况下，购买量得以保证，从而尽快收回研发成本。这些定价策略无疑都利用了本量利分析的思路。

依据本量利分析模型，我们将探讨财务分析师如何在 Power BI 中进行建模分析，下面以电商企业为例进行分析。

首先需要确定所要使用的参数，根据公式：

盈亏平衡点的销售额 = 固定成本 ÷ [（售价 − 变动成本）× 销量]

其中，假设固定成本包含房租物业费、人员工资等；变动成本有采购成本、销售折扣、支付给平台的佣金、税费等。下面我们按照所需参数在 Power BI 中建模。

1. 新建参数

新建"销售额（万元）"参数，如图 6-21 所示。下面分别创建采购成本率（%）、销售折扣（%）、平台佣金率（%）、税率（%）、房租物业费（万元）、员工数量、平均工资（元）、其他固定成本（元）等。

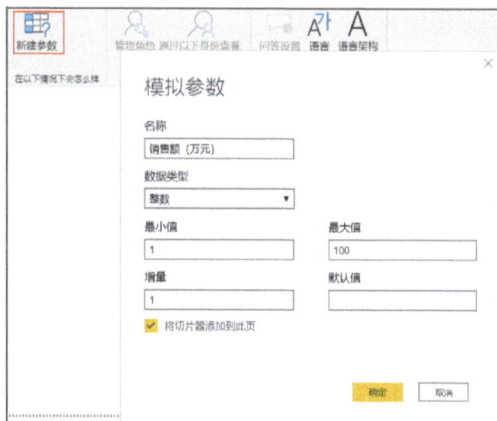

图 6-21

建立上述参数之后，使用度量值建立参数之间的连接。使用"输入数据"创建空白表，如图 6-22 所示。

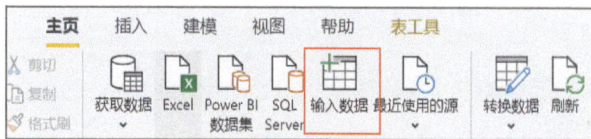

图 6-22

2. 建立度量值

在"建模"选项卡中单击"新建度量值"按钮，如图 6-23 所示。

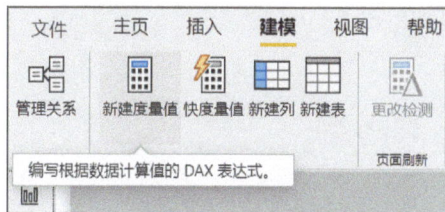

图 6-23

在输入栏中输入建立的度量值：

变动成本（万元）=
'销售额（万元）'[销售额（万元）值] * ('销售折扣（%）'[销售折扣（%）值] + '平台佣金率（%）'[平台佣金率（%）值] + '采购成本率（%）'[采购成本率（%）值]) + '销售额（万元）'[销售额（万元）值] * (1 − '采购成本率（%）'[采购成本率（%）值]) * '税率（%）'[税率（%）值]

固定成本（万元）=
'房租物业费（万元）'[房租物业费（万元）值] + '员工数量'[员工数量 值] * '平均工资（元）'[平均工资（元）值] / 10000 + '其他固定成本'[其他固定成本 值] / 10000

根据财务公式可知：

$$销售额 = 固定成本 + 变动成本$$

$$销售额 = 固定成本 + 销售额 \times （销售折扣率 + 平台佣金率 + 采购成本率）+ 销售额 \times （1 − 采购成本率）\times 税率$$

所以，达到盈亏平衡点时：

$$盈亏平衡点销售额 = 固定成本 / （1 − （销售折扣率 + 平台佣金率 + 采购成本率）− （1 − 采购成本率）\times 税率）$$

建立盈亏平衡销售额度量值：

盈亏平衡销售额（万元）=
DIVIDE（
　　'表'[固定成本（万元）]，

　　1－（'销售折扣（%）'[销售折扣（%）值]＋'平台佣金率（%）'[平台佣金率（%）值]＋'采购成本率（%）'[采购成本率（%）值]）－（1－'采购成本率（%）'[采购成本率（%）值]）*'税率（%）'[税率（%）值]

　　）

另外，增加利润和利润率的度量值：

利润（万元）=
'销售额（万元）'[销售额（万元）值]－'表'[变动成本（万元）]－'表'[固定成本（万元）]

利润率 =
DIVIDE（'表'[利润（万元）]，'销售额（万元）'[销售额（万元）值]）

3. 创建可视化图表

在"可视化"窗格中选择"卡片图"，创建关于利润（万元）、利润率、采购成本率（%）、固定成本（万元）、盈亏平衡点销售额（万元）等的卡片图，将可视化图表简单排版，如图 6-24 所示。

图 6-24

图 6-24 中显示，盈亏平衡点销售额为 78.80 万元，实际销售额为 85 万元，利润率 3%，利润额是 2.37 万元。与此同时，财务分析师可以对各项参数条件进行敏感性分析，以此测算盈亏平衡点的变化，以及帮助业务制定后续的经营策略。敏感性分析是指从定量分析的角度研究有关因素发生某种变化对某一个或一组关键指标影响程度的分析技术，图 6-24 中的假设条件都可以进行调节，最终销售额、利润等变化结果会自动出现在可视化图表中。

当固定成本不变时，单位变动成本越大，销量或者销售额对其变化越敏感。根据上述公式，盈亏平衡点销售额 $=F/(P-V)\times Q$，其中 F 为固定成本，P 为售价，V 为变动成本，Q 为订单量。当单位变动成本中较大的采购成本得到节省，会使盈亏平衡点销售额下降更多，如此一来，企业想要达到平衡点所需做的业绩就会更低，预算目标则更容易达成。所以控制关键项变动因素要抓大放小，才能事半功倍地提升经营效率。

本量利分析虽然看上去是一个简单的对销售保本点的测算，但和企业的战略定位、产能管理、价格制定息息相关。如果一个企业盲目投入固定资产，没有思考投入之后未来的市场需求和定价策略，那么未必就能像公式反映的那样达到盈亏平衡点。当一家企业准备进入一个市场时，需要考虑自身的价格定位，到底是面向高端市场、中端市场，还是低端市场。当价格、目标群体不同时，市场需求量就会产生差异，高端产品往往需求较少，但是客户的价格敏感性低，可以采取高价策略。另外，正是因为客户对于价格不敏感，相应会更注重产品品质，所以面向高端市场的企业要在工艺品质和服务质量上精益求精。在预测销售收入时，需要考虑收入能否弥补大量的成本投入，是否能产生正的边际贡献。因此，定价策略对于企业的经营方向选择至关重要。

6.4 从定价策略看商业"诡计"——如何打造爆款商品

每一个品牌都有自己的品牌形象，星巴克的定位在第三空间，意在营造独特的社交和办公环境，给人以商务的体验；新型互联网咖啡品牌 Coffee Box 则提倡无限场景，在线点单，把互联网的快捷和低价带到咖啡行业。由于两者的品牌定位不同，所以决定了不同的定价策略。

心理学家曾经做过一组实验，参与实验的人需要在两种价位的相机之间进行选择，A 的售价是 1700 元，B 的售价是 2300 元。结果，选择两种机型的人各占 50%。而在引入第三种机型后，情况发生了变化。C 的售价是 4600 元。当人们需要在这三种类型相机里面选择的时候，选择 B 的人是选择 A 的人的两倍，这个现象在经济学上被称为"中杯效应"。总而言之，如果在很多选项中出现一个中庸的选择，一般人都会倾向于选择它，而不会选择特别极端的选项。究其原因，是因为人们对待风险的态度通常是厌恶的，在做选择的时候往往会采取并不极端的方式。当面对两个选择的时候，两种类型还处于平衡的状态。当面对三个选择时，中间的选择看上去更优，比最便宜的相机性能更好，比最贵的相机价格更低。不难理解，为什么星巴克店里的咖啡有中杯、大杯和超大杯三种杯型，人们在消费和选择的时候，受到"中杯效应"的影响，更倾向于三者中间的那个"大杯"。

中杯效应是行为经济学中的锚定效应延伸出来的一个理论。而锚定效应指的是，人们在对某个事件进行定量预测的时候，会将某个特定数值作为起始值，起始值会对最后的预测值产生影响。在星巴克的门店里，总是会放着 20 元一瓶的瓶装水，很少有人会购买它们，但是依然被摆在最显眼的位置，这是为什么呢？这就是利用了锚定效应，将"水是 20 元"这个初始值刻入你的脑海，在看到几十元一杯的咖啡时，自然就不会认为这个价格特别贵了。我们在对事物进行评价时都会下意识地寻找一个参照物，而刚刚出现的水的价格是一个印象深刻的标准值，会影响消费者对咖啡价格的判断。

在现实生活中，利用锚定效应影响顾客判断的营销案例非常多。比如，消费者去商场买衣服。衣服的标签上会写着原价和折扣价。原价就是那个"锚"，它让消费者了解到这个衣服的价值是很高的。但是由于换季或者节日，商家让利，按照折扣价销售。消费者会感觉自己买到就是赚到了，但是商家通过这个价格卖出去肯定也是不会亏的。用低价的手段，放弃了高利润，但是提高了周转率，这就是本书在前面讲到的，商家通过牺牲利润率，提高周转率，使资产收益率仍然维持在一个合理的水平。

人是理性和非理性的结合体。而财务是一门理性思考的学科，可以解释和预测未来理想状态下的企业盈利情况，不过落地的经营策略还是要结合人非理性的一面。很多时候财务分析师在给业务人员分析建议时，仅仅是结合数据结果和业务性质给出建议。而在业务方策略落地时，我们也要考虑到人的非理性的一面，作为财务分析师，如果能了解一些类似"锚定效应"的经济学原理，那么在提建议时就可以更贴近实际情况。

本节讲的是定价策略，简而言之就是两类策略——低价策略和高价策略。但是具体实施起来会有不同的方式，比如定高价的同时发放优惠券、定低价促销时规定促销时限、维持原价的同时赠送其他产品等。大部分企业都有着多样的产品，而不同的产品定位会有不同的定价策略。很多餐馆会把自己的特色菜定很低的价来吸引顾客。很多顾客慕名而来。特价菜的毛利很低，基本没有盈利。但是，到了店里总不会只点一道菜，还需要点其他菜品和酒水饮料。特价菜在其中起到了"引流"的效果，招揽顾客之后，通过其他菜品赚取利润。而且，特价菜给人的感受是"好吃不贵"，同样的印象可能会延续到其他菜品上，如果餐馆的味道和价格合理，那么整体也可以收获不错的评价。

价格策略会受到几个因素的影响，这里可以结合波特的五力模型进行说明。波特认为，行业的竞争规模和程度由五种力量决定，分别为行业内现有竞争者的竞争能力、潜在竞争者的进入能力、替代品的替代能力、供应商的讨价还价能力、购买者的讨价还价能力。其中，行业内现有竞争者的竞争能力、潜在竞争者的进入能力、替代品的替代能力这三种能力代表着公司产品与其他产品的竞争结构，构成了市场的供给状态。购买者的讨价还价能力代表消费者的需求程度。供应商的讨价还价能力影响着企业的生产成本。所以，可以把定价的影响因素理解为市场的供求关系、价格弹性和成本。

如图 6-25 所示，经济学上的供给、需求曲线是两条交叉的曲线，交叉的点是供给、需求平衡点。需求曲线 D 是向右下方延伸的曲线，说明随着产品售价的提高，消费者购买意愿下降，购买量呈下降趋势。供给曲线 S 是向右上方延伸的曲线，代表随着产品售价提高，商家往往愿意加大供给，所以供给数量是逐步上升的。结合图 6-25，我们分别分析供求关系、价格弹性和成本对于定价政策的影响。

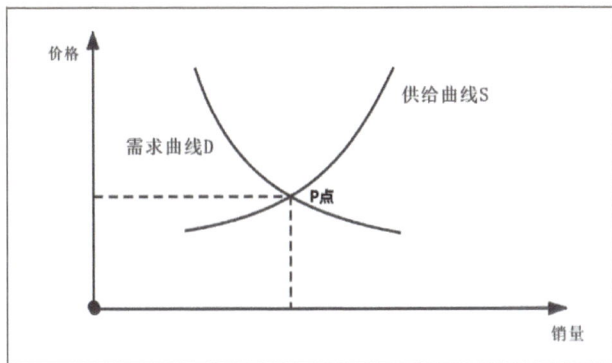

图 6-25

（1）供求关系

当供给、需求两条曲线相交于 P 点时，市场的供求关系达到平衡，此时市场的价格恒定，而且销量不变。当然，这只是一个理想的状态。研究供求关系对于财务分析师来讲，重点是判断当下是买方市场还是卖方市场。买方市场指的是市场处于供大于求的状态，也就是在 P 点右侧，此时消费者的购买意愿弱。作为销售方需要加大促销力度和营销费用投入，刺激买方的需求，或者是减少供应量、降低产品价格。卖方市场是指市场处于供不应求的状态，也就是在 P 点的左侧，此时消费者的购买意愿强，不需要投入过多的市场费用，并且可以适当提高产量，提高产品售价。

（2）价格弹性

与此同时，需求的价格弹性也决定着价格策略的选择。如果消费者不是价格敏感者，那么使用优惠券、折扣等促销方法未必有用。这时候就要考虑宣传产品的差异化，用更优质、独特的功能吸引用户。如果是价格敏感者，那么可以用优惠券和折扣等促销方法即可刺激消费者的购买意愿。

（3）成本

成本很显然会影响价格的制定。如果与竞争对手相比，在产品质量一样的情况下，你的产品的用料、用工等成本更高，那么该产品在价格上就不会有竞争力。除非企业走的是差异化路线，用多样、差异化的产品结构满足用户特定的需求。

以上，就是影响定价的三个主要因素。当然，还有其他因素影响着定价策略，在实际工作中，财务分析师需要结合所在企业产品的特点，跟业务方沟通主要的价格因素并达成一致。

虽然定价策略的影响因素有很多，不同业务之间还会有差异，但是财务分析师可以从销售出发，通过日常监控各类商品销售情况，判断定价是否存在不合理之处，进而从影响因素上分析应当如何定价。

下面我们针对不同价位的产品进行销售分析，探究各款商品的销售获利情况以便设定不同的销售策略。

1. 指标分析

首先来思考一下，什么是爆款商品？爆款商品不仅要销量高、人气旺，还要有一定的毛利。如果一个企业降价力度非常大，以至于产品的毛利为负，那么从长远的角度看，这肯定是无法持续的。这种价格扭曲的产品不能称为爆款产品。爆款产品是在销量高涨的同时，还要有一定的毛利，只有具有这种优秀的产品特点，才能帮助企业获得利润。

公司的目标自然是希望打造爆款产品，而在互联网公司的销售部门，一般也会有专门的数据分析团队，他们的主要职责是监控产品销售数据，及时发现滞销产品，改进产品销售方案。其中大多涉及的指标是业务指标，而非财务指标，例如访问量、转化率、客户留存、流失等数据。

针对这些业务指标，财务分析师需要理解其含义，了解从业务指标如何过渡到财务指标。按照流量的逻辑，企业的业绩或者 GMV 就是从访问量到成交实现的转化，用一个公式可以解释为：

$$GMV= 访问量 \times 成交转化率 \times 客单价$$

财务分析师可以学习数据分析部门的分析成果，学习以业务的视角看待企业的运作。

售罄率是业务部门经常使用的衡量一个产品是否是爆款产品的指标，它代表着某种产品在某段时间销售数量与订货数量的百分比，公式如下：

$$售罄率 = 某段时间销售数量 \div 订货数量 \times 100\%$$

但是仅有这一个指标还不够。假设企业购进了一部手机并把它卖掉了，那么售罄率是 100%，但是这部手机从进货到销售花费了一年时间，由于手机这类产品本身跌价就很快，可想而知，这部手机最后被售出时的毛利应该是负数。所以，在考虑是否是爆款产品时要考虑时间因素和毛利率。另外，一部手机数量太小，对于企业来讲根本不值得一提，更不用说能创造多少利润了，所以销售量指标也是必须要考虑的。当产品供应充足时，销售数据能够反映消费者的真实情况，但是当售罄率大于或等于一定值的时候，比如售罄率大于或等于 70% 时，则要引起我们特别的注意，尤其当产品是衣服、鞋帽等时。下面我们以售罄率 70% 为限，将售罄率大于或等于 70% 的销售天数作为销售速度指标，同时构建售罄率大于或等于 70% 的累计销量、售罄率大于或等于 70% 的累计毛利等指标。其中，售罄率大于或等于 70% 的销售天数是负指标，时间越久，说明销售速度越慢；售罄率大于或等于 70% 的累计销量是正指标，销量越大，对整体业绩影响越大。这两个指标可以合并到一个指标，公式如下：

$$售罄率大于或等于 70\% 平均每天销量 =$$
$$售罄率大于或等于 70\% 的累计销量 \div 售罄率大于或等于 70\% 的销售天数$$

若售罄率大于或等于 70% 平均每天销量越高，说明产品销售速度越快，产品越畅销。

2. 建立相关指标列

（1）计算售罄率

首先，选择"主页"→"获取数据"→"Excel"，将数据源文件导入 Power BI 当中。

在"模型"界面中将"销售明细"表的"货号"列选中并拖至"采购信息"表的"货号"列，建立两表联系，如图 6-26 所示。

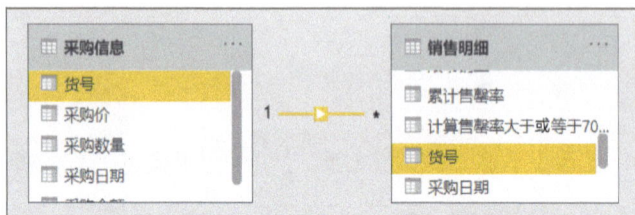

图 6-26

这里，需要认识一个新函数 EARLIER，语法如下：

EARLIER（参数 1，参数 2）

其中，参数 1 是列名，参数 2 是外部计算传递的正数，一般可忽略。EARLIER 函数用来提取本行对应该列的值，是一个行上下文函数。这里结合将要构建的列做进一步解释。

如果要计算某种产品什么时候售罄率大于或等于 70%，首先要计算产品的累计销量，然后与采购数量对比，当累计销量达到采购量的 70% 时停止对比。

单击软件左侧的"数据"图标，回到"数据"界面，如图 6-27 所示。

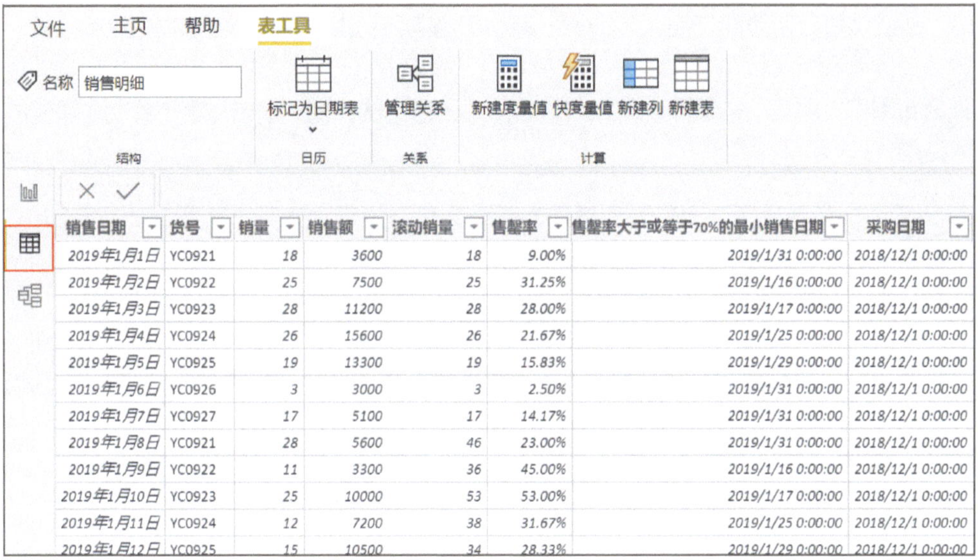

销售日期	货号	销量	销售额	滚动销量	售罄率	售罄率大于或等于70%的最小销售日期	采购日期
2019年1月1日	YC0921	18	3600	18	9.00%	2019/1/31 0:00:00	2018/12/1 0:00:00
2019年1月2日	YC0922	25	7500	25	31.25%	2019/1/16 0:00:00	2018/12/1 0:00:00
2019年1月3日	YC0923	28	11200	28	28.00%	2019/1/17 0:00:00	2018/12/1 0:00:00
2019年1月4日	YC0924	26	15600	26	21.67%	2019/1/25 0:00:00	2018/12/1 0:00:00
2019年1月5日	YC0925	19	13300	19	15.83%	2019/1/29 0:00:00	2018/12/1 0:00:00
2019年1月6日	YC0926	3	3000	3	2.50%	2019/1/31 0:00:00	2018/12/1 0:00:00
2019年1月7日	YC0927	17	5100	17	14.17%	2019/1/31 0:00:00	2018/12/1 0:00:00
2019年1月8日	YC0921	28	5600	46	23.00%	2019/1/31 0:00:00	2018/12/1 0:00:00
2019年1月9日	YC0922	11	3300	36	45.00%	2019/1/16 0:00:00	2018/12/1 0:00:00
2019年1月10日	YC0923	25	10000	53	53.00%	2019/1/17 0:00:00	2018/12/1 0:00:00
2019年1月11日	YC0924	12	7200	38	31.67%	2019/1/25 0:00:00	2018/12/1 0:00:00
2019年1月12日	YC0925	15	10500	34	28.33%	2019/1/29 0:00:00	2018/12/1 0:00:00

图 6-27

单击“表工具”选项卡的“新建列”按钮，列公式为：

```
滚动销量 =
SUMX (
   FILTER (
      FILTER ( '销售明细', '销售明细'[ 货号 ] = EARLIER ( '销售明细'[ 货号 ] ) ),
      '销售明细'[ 销售日期 ] <= EARLIER ( '销售明细'[ 销售日期 ] )
   ),
   '销售明细'[ 销量 ]
)
```

公式的含义是，内部 FILTER 函数选择货号与对应本行相同的数据构成一个虚拟表，外部 FILTER 函数将货号相同的虚拟表按照销售日期小于当前行日期的数据再次组成一个虚拟表，最外部的 SUMX 函数对虚拟表中对应日期的销量求和。可以简单理解为，在计算每一行累计销量时，都按照每行所属的产品，将销售日期小于当前行日期的销售数据加总得到销量。

计算售罄率，用滚动销量除以采购数量，得到已售出的比例，单击"表工具"选项卡的"新建列"按钮，列公式为：

售罄率 =
DIVIDE (' 销售明细 ' [滚动销量], RELATED (' 采购信息 ' [采购数量]))

计算截止到目前各商品的售罄率，单击"表工具"选项卡的"新建列"按钮，列公式为：

累计售罄率 =
DIVIDE (
　　MAXX (FILTER (' 销售明细 ', ' 销售明细 ' [货号] = EARLIER (' 销售明细 ' [货号])),
' 销售明细 ' [滚动销量]),
　　RELATED (' 采购信息 ' [采购数量])
)

其中，MAXX 函数为表的每一行计算表达式，并返回最大值，语法如下：

MAXX（表，表达式）

第一个参数是表，包含将对其表达式进行计算的行的表。

第二个参数是进行计算的表达式。

度量值累计售罄率中，FILTER 函数选择货号与对应本行相同的数据构成一个虚拟表，MAXX 函数选择对应货号的滚动销量，最外部的 DIVIDE 函数将滚动销量除以采购数量，得到累计售罄率。

（2）计算售罄率大于或等于 70% 的销售天数

计算售罄率大于或等于 70% 的销售天数，用以判断哪类产品的销售速度是最快的。这里首先计算售罄率大于或等于 70% 的最小销售日期，单击"表工具"选项卡的"新建列"按钮，列公式为：

售罄率大于或等于 70% 的最小销售日期 =
IF (
    MAXX (FILTER ('销售明细', '销售明细 '[货号] = EARLIER ('销售明细 '[货号])),
'销售明细 '[售罄率]) < 0.7,
    MAX ('销售明细 '[销售日期]),
    MINX (
        FILTER (
            FILTER ('销售明细', '销售明细 '[货号] = EARLIER ('销售明细 '[货号])),
            '销售明细 '[售罄率] >= 0.7
        ),
        '销售明细 '[销售日期]
)
)

该公式最外层是 IF 判断语句，如果各个货号的最大售罄率小于 70%，那么就取最大的销售日期；如果同一货号的最大售罄率大于或等于 70%，那么就取不小于 70% 后的最小销售日期。

接下来，计算采购日期，单击"表工具"选项卡的"新建列"按钮，列公式为：

采购日期 =
RELATED ('采购信息 '[采购日期])

然后，计算两个日期之间的差值，单击"表工具"选项卡的"新建列"按钮，列公式为：

售罄率大于或等于 70% 的销售天数 =
DATEDIFF（'销售明细'[采购日期]，'销售明细'[售罄率大于或等于 70% 的最小销售日期]，DAY）+ 1

（3）计算售罄率大于或等于 70% 的累计销量

单击"表工具"选项卡的"新建列"按钮，列公式为：

计算售罄率大于或等于 70% 的累计销量 =
SUMX（
    FILTER（
        FILTER（'销售明细'，'销售明细'[货号] = EARLIER（'销售明细'[货号]）），
        '销售明细'[销售日期] <= '销售明细'[售罄率大于或等于 70% 的最小销售日期]
    ），
    '销售明细'[销量]
）

公式的含义是，两个 FILTER 函数按照货号归类，汇总售罄率大于或等于 70% 的销售数据，SUMX 函数把所选数据的销量加总，从而得到售罄率大于或等于 70% 的累计销量。

（4）计算售罄率大于或等于 70% 平均每天销量

单击"表工具"选项卡的"新建列"按钮，列公式为：

售罄率大于或等于 70% 平均每天销量 =
DIVIDE（'销售明细'[计算售罄率大于或等于 70% 的累计销量]，'销售明细'[售罄率大于或等于 70% 的销售天数]）

（5）计算售罄率大于或等于 70% 的累计毛利和累计毛利率

单击"表工具"选项卡的"新建列"按钮，列公式为：

售罄率大于或等于 70% 的累计毛利 =
SUMX (
　FILTER (
　　FILTER (' 销售明细 ', ' 销售明细 '[货号] = EARLIER (' 销售明细 '[货号])),
　　' 销售明细 '[销售日期] <= ' 销售明细 '[售罄率大于或等于 70% 的最小销售日期]
　),
　' 销售明细 '[销售额] – RELATED (' 采购信息 '[采购金额])
)

售罄率大于或等于 70% 的累计毛利率 =
var totalsales=
　SUMX(
　　FILTER(
　　　FILTER(' 销售明细 ',' 销售明细 '[货号]=EARLIER(' 销售明细 '[货号])),
　　　' 销售明细 '[销售日期]<=' 销售明细 '[售罄率大于或等于 70% 的最小销售日期]),
　　' 销售明细 '[销售额]
　　)
Return
DIVIDE(' 销售明细 '[售罄率大于或等于 70% 的累计毛利], totalsales)

以上，把售罄率大于或等于 70% 销售天数、售罄率大于或等于 70% 的累计销量、售罄率大于或等于 70% 平均每天销量、售罄率大于或等于 70% 的累计毛利和累计毛利率等指标建立完毕后，下面开始设计展示的可视化图表。

3. 制作可视化图表

首先，制作关于各货号的累计售罄率矩阵图，监控历史累计的销售情况。在"可视化"窗格中选择"表"，将"货号"列、"累计售罄率"列、"累计毛利率"列和"单价"列字段拉入值维度，如图 6-28 所示。

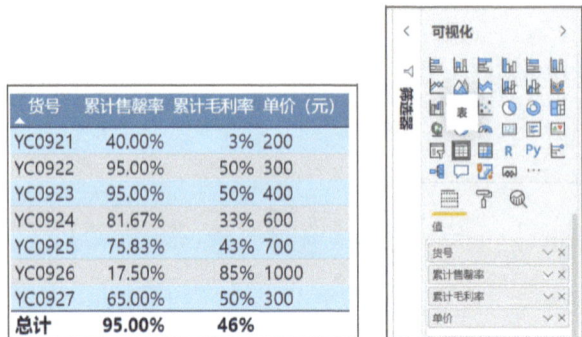

图 6-28

计算售罄率大于或等于 70% 平均每天销量，比较各货品的销售速度，建立柱状图。在"可视化"窗格中选择"簇状柱形图"，轴选择"货号"列，值选择"售罄率大于或等于 70% 平均每天销量"列数据，如图 6-29 所示。

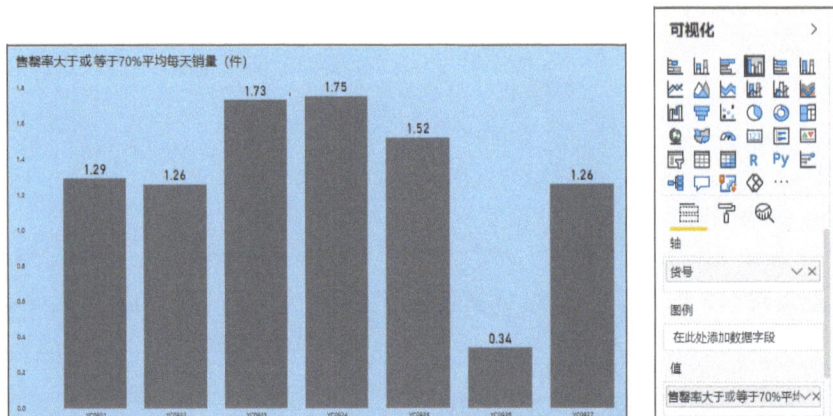

图 6-29

需要注意的是,我们需要将值显示为平均值,否则会导致累计销售数量重复加总,如图6-30
所示。

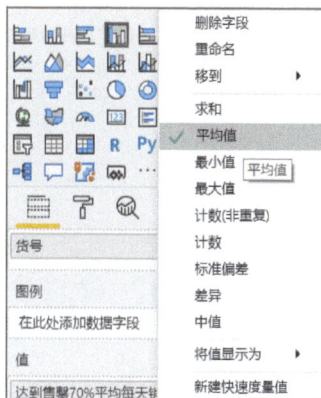

图 6-30

售罄率大于或等于70%的累计毛利可以用扇形图来表示。在"可视化"窗格中选择"饼图",
图例选择"货号"列,值选择"售罄率大于或等于70%的累计毛利"列数据,如图6-31所示。
当鼠标指针移动到各扇形上时,会显示对应部分的累计毛利的比例,我们可以直观地看到各产
品对于整体利润的贡献情况。

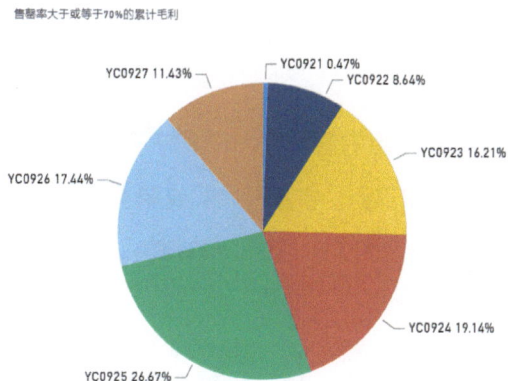

图 6-31

最后，在可视化区域中将各个图组合在一起，调整格式，构成完整的可视化图表，如图6-32所示。

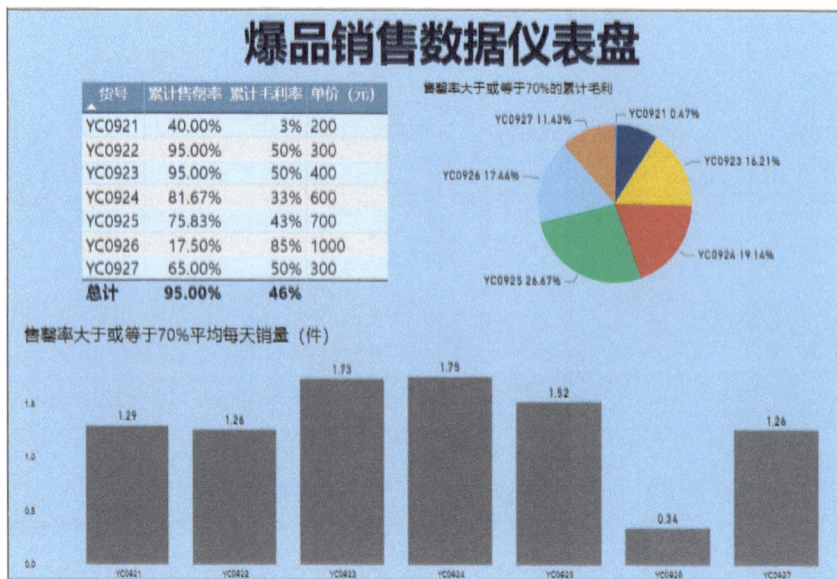

图 6-32

从图 6-32 可以看出，货号为"YC0923"和"YC0924"的产品日均销量位于前两位，说明产品销售速度快，同时产生的售罄率大于或等于 70% 的累计毛利分别占整体的 16.21% 和 19.14%，比重较高，盈利能力强。

另外，货号为"YC0925"的产品的售罄率大于或等于 70% 的累计毛利占比最高，达到 26.67%，不过累计售罄率只有 75.83%，售罄率大于或等于 70% 平均每天销量为 1.52 件。所以这款产品的盈利能力强，但周转速度欠佳，如果存在库龄较长的情况，则会产生跌价的风险，应当提示业务部门及时清理库存。

还有一款产品，货号是"YC0926"。累计售罄率只有 17.5%，远远低于其他产品。而且，售罄率大于或等于 70% 平均每天销量只有 0.34 件，周转速度极慢，但是累计毛利率为 85%，远远高于其他产品。这款产品的单价高达 1000 元，远超其他产品。这说明企业有意将这款产品包装成参考系产品，作为价格锚点，突出其他产品的高性价比，促进其他产品销售。

反观货号为"YC0921"的产品，售罄率大于或等于 70% 平均每天销量为 1.29 件，同时累计毛利率也只有 3%，说明这款产品周转速度慢且毛利率低。对于类似"YC0921"的产品，其本身既无法获利，又不能提升周转、有效获客，应该及时停止生产，转而将有限的资源投入到其他产品上。

结合前面讲到的"锚定效应"，在本案例中，企业设置了高单价的锚点产品，让顾客在进店之后从心理上产生价格锚点，突出其他价位产品的性价比，提升消费者对于品牌价格的接受度。但是，企业的产品类型过于丰富，有个别产品的表现惨淡，这时候需要考虑精简产品线，节省资源，提升主要产品的业绩表现。

本节讲述的是定价策略，而价格是建立在产品有着过硬质量的基础上的，如果产品质量低，便无法留住用户，也就不会有持续的经营能力。所以，企业思考自身价格策略的前提必须是以产品质量为立足点，产品过硬，才有未来。

6.5　根据约束理论如何有效决策——"自制"还是"外购"

伦敦的希斯罗机场是全欧洲最繁忙的机场，也是世界上最大的机场之一。这个著名机场曾经遭遇到了客户满意度低的问题。很多旅客抱怨说，从飞机下来之后到行李转盘处取行李，却发现等待行李的时间很长，严重影响了他们的服务体验。这令希斯罗机场的领导非常头疼，所以请了英国优秀的咨询公司来为其分析问题并改进服务。咨询公司提了两个方案，第一个方案是更新行李运输传送系统，提高传送速度。机场方立即否决了这个建议，因为这个方案会耗费巨大的资金成本和时间成本。第二个方案是调整旅客下飞机之后的行走路线，将下飞机到行李转盘的路程从直线改为较长的曲线，延长了旅客的行走时间，减少其在转盘旁边等待的时间，从而提高旅客的满意度。机场最终采纳了第二个方案。结果和预料的基本一致，由于旅客等待行李的时间短了，所以客户的满意度就提高了。这个案例很有意思，看似机场"耍了小聪明"，没有缩短从飞机落地到旅客取行李的总时间，而只是让用户在转盘旁等待的时间减少了。本案中客户满意度差的主要原因是在转盘旁等待的时间久，所以针对这个主要矛盾，只减少客户在转盘旁等待的时间也能解决问题。

这个案例其实反映的就是管理学上的"约束理论"。约束理论强调，在管理中抓住主要矛盾，把制约发展的主要因素凸显出来，从而消除制约因素，提升运营效率。希斯罗机场在面对用户的满意度下降问题时，获得了两个解决方案。一个相当于"开源"，从源头提高行李传送效率，但是成本很高；另一个是"节流"，在现有传送模式不变的情况下，优化部分环节，从而解决问题。因为企业的资源是有限的，即使有很多种解决方案，财务分析师也需要思考，哪一种方案是最优的。从管理会计的角度看，在企业经营时需要思考在有限条件下如何做到效用最大化。有些时候，企业的短期销售需求非常旺盛，但是产能是有限的，无法在短时间内把所有的产品都生产出来。这时候就需要从投入产出的效率上进行分析，计算出最高效的产品组合。

A 是一家生产打印机的企业，目前有 X 和 Y 两个产品。某月由于受疫情影响，很多人开始在家办公和学习，产生了打印文件和资料的需求，人们开始纷纷购置打印机。于是，A 企业的打印机和相关产品销量暴涨。但是公司预计这个需求不可持续，随着疫情好转，大家恢复上班和上课后，需求量势必回落。所以，企业不会因为这种偶然的需求购买生产线。在面对大量需求，但是企业产能有限的情况下，财务分析师需要计算出合理的产品组合。假如 A 企业本月计划的产量分别是 X 产品 250 件、Y 产品 400 件。但是现在打印机生产线每个月的极限产能是 20 000 工时，其余信息如图 6-33 所示。

	X 产品	Y 产品
售价（元）	570	440
直接材料（元）	120	95
直接人工（元）	80	65
变动制造费用（元）	20	40
固定制造费用（元）	40	60
单位产品耗时（小时）	50	30

图 6-33

这里，可以计算得出两种产品的边际贡献：

X 产品边际贡献 =570-120-80-20=350（元）

Y 产品边际贡献 =440-95-65-40=240（元）

在产能没有限制的情况下，应当多生产边际贡献高的 X 产品，但是由于产能限制的存在，则需要多生产单位盈利能力更高的产品，也就是将有限工时考虑进去，比较单位工时的边际贡献：

X 产品单位工时边际贡献 =350÷50=7（元 / 小时）

Y 产品单位工时边际贡献 =240÷30=8（元 / 小时）

由计算结果得出，应该优先生产 Y 产品。如果优先生产 Y 产品再生产 X 产品，按照现有产能，只够生产 Y 产品 400 件、X 产品 160 件。另外还有 90 件的 X 产品待交付，为了完成计划，企业必须进行外购。所以还要将两款产品外购的价格列入考虑的因素范围。

已知 X 产品的外购价格是 420 元 / 台，Y 产品的外购价格是 302 元 / 台。第一步将外购价格和自制的变动成本进行比较，显然自制的成本更低。

外购 X 产品比自制多付出的成本 =420-（120+80+20）=200（元/台）

外购 Y 产品比自制多付出的成本 =302-（95+65+40）=102（元/台）

第二步，分析哪种产品进行自制节省的成本更多，用单台的节省成本除以每台生产花费的工时，得到：

X 产品单位工时节省成本 =200÷50=4（元/台/小时）

Y 产品单位工时节省成本 =102÷30=3.4（元/台/小时）

自制 X 产品单位工时节省的成本更多，所以应该优先生产 X 产品 250 件，剩余产能再生产 Y 产品 250 件，最后 150 件 Y 产品以外购方式补足。

为了解决和分析在日常工作中遇到的类似问题，下面使用 Power BI 构建财务模型，在可视化图表上进行呈现。

1. 创建参数

在"报表"界面的"建模"选项卡中单击"新建参数"按钮，如图 6-34 所示。

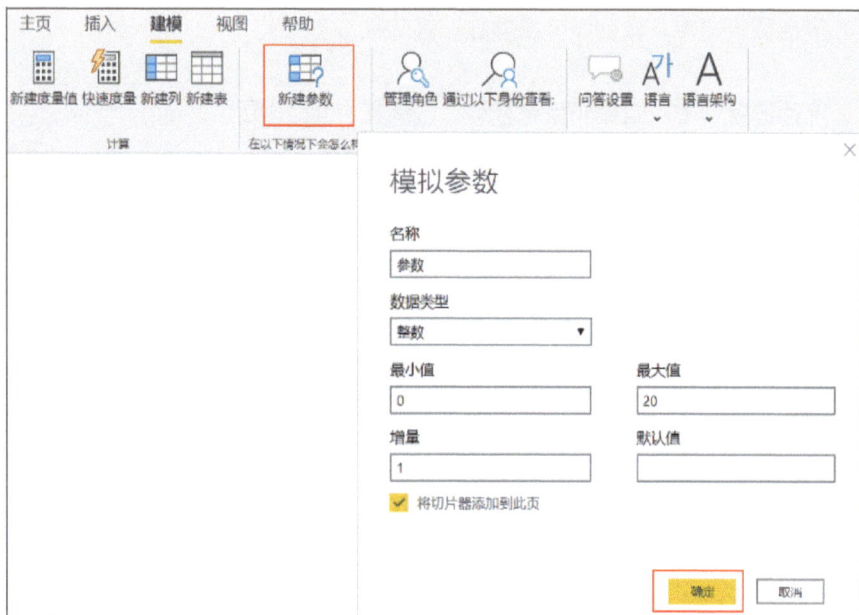

图 6-34

分别设定以下参数:

（1）X产品产量（件），数据类型是整数，区间在 0 到 1000；

（2）Y产品产量（件），数据类型是整数，区间在 0 到 1000；

（3）生产线产能（h），数据类型是整数，区间在 0 到 20000；

（4）X产品价格，数据类型是整数，区间在 0 到 600；

（5）Y产品价格，数据类型是整数，区间在 0 到 500；

（6）X产品变动成本，数据类型是整数，区间在 0 到 500；

（7）Y产品变动成本，数据类型是整数，区间在 0 到 500；

（8）X 产品固定成本，数据类型是整数，区间在 0 到 100；

（9）Y 产品固定成本，数据类型是整数，区间在 0 到 100；

（10）X 产品外购价格，数据类型是整数，区间在 100 到 1000；

（11）Y 产品外购价格，数据类型是整数，区间在 100 到 1000。

设定之后，单击"确定"按钮，可以看到在可视化面板中出现了关于这些参数的切片器，如图 6-35 所示。

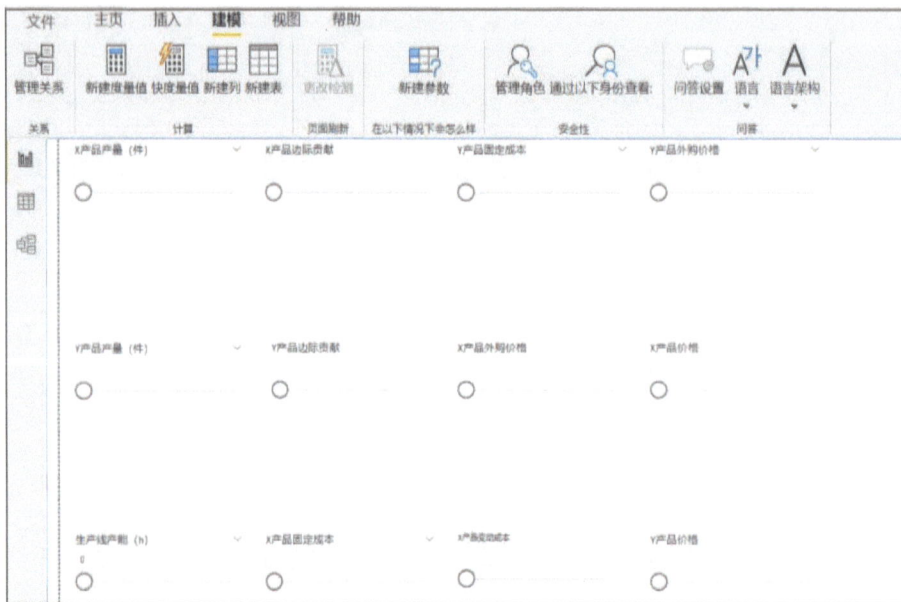

图 6-35

2. 创建度量值

在"建模"选项卡中单击"新建表"按钮，创建新表，如图 6-36 所示。

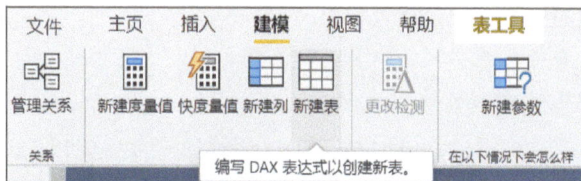

图 6-36

然后在"建模"选项卡中单击"新建度量值"按钮，分别建立以下度量值：

（1）建立 X 产品边际贡献值

X 产品边际贡献值 =
'X 产品价格 '[X 产品价格 值] – 'X 产品变动成本 '[X 产品变动成本 值]

（2）建立 Y 产品边际贡献值

Y 产品边际贡献值 =
'Y 产品价格 '[Y 产品价格 值] – 'Y 产品变动成本 '[Y 产品变动成本 值]

（3）建立 X 产品自制较外购单件节省

X 产品自制较外购单件节省 =
'X 产品外购价格 '[X 产品外购价格 值] – 'X 产品变动成本 '[X 产品变动成本 值]

（4）建立 Y 产品自制较外购单件节省

Y 产品自制较外购单件节省 =
'Y 产品外购价格 '[Y 产品外购价格 值] – 'Y 产品变动成本 '[Y 产品变动成本 值]

（5）建立 X 产品单位工时节省成本

X 产品单位工时节省成本 =
DIVIDE（[X 自制较外购单件节省]，50）

（6）建立 Y 产品单位工时节省成本

Y 产品单位工时节省成本 =
DIVIDE（[Y 自制较外购单件节省]，30）

（7）建立 X 产品自制件数

X 产品自制件数 =
IF（
　　'度量值'[X 产品单位工时节省成本] − '度量值'[Y 产品单位工时节省成本] > 0,
　　DIVIDE（MIN（'X 产品产量（件）'[X 产品产量（件）值] * 50, '生产线产能（h）'[生产线产能（h）值]），50），
　　""
）

这个度量值的含义为，IF 条件语句判断 X 产品和 Y 产品的单位工时节省成本较高者，如果是 X 产品节省更多，那么优先生产 X 产品。最内部的 MIN 函数判断最大产能和生产 X 产品所需工时的较小值，如果是最大产能小于生产 X 产品的工时，那么按照最大产能生产 X 产品之外，还要外购一部分产品以满足需求。用 DIVIDE 函数计算自制 X 产品的产量。

在本案例中，X 产品单位工时节省成本较 Y 产品单位工时节省成本更高。假设面临第二种情况时，X 产品单位工时节省成本等于或小于 Y 产品单位工时节省成本，则考虑优先生产 Y 产品。在上述度量值中，IF 语句执行的后半段先设置为空值，但并非 X 产品自制数量真的为空，只是为了避免循环依赖，首先设置一个结果，后续再对 X 产品的产量进行调整。

（8）建立 X 产品外购件数

X 产品外购件数 =
SWITCH (
    TRUE (),
    ' 度量值 '[X 产品自制件数] <> "", SWITCH (
      TRUE (),
      'X 产品产量（件）'[X 产品产量（件）值] – ' 度量值 '[X 产品自制件数] > 0, 'X 产品产量（件）'[X 产品产量（件）值] – ' 度量值 '[X 产品自制件数],
      0
    ),
    ""
)

SWITCH 函数判断最大产能是否满足了 X 产品的需求量，若不满足，则需要进行采购。

（9）建立 Y 产品自制件数

Y 产品自制件数 =
IF (
    ' 度量值 '[X 产品单位工时节省成本] – ' 度量值 '[Y 产品单位工时节省成本] > 0,
    MIN (
      MAX (DIVIDE (' 生产线产能(h)'[生产线产能(h ）值] – ' 度量值 '[X 产品自制件数] * 50, 30), 0),
      'Y 产品产量（件）'[Y 产品产量（件）值]
    ),
    DIVIDE (MIN ('Y 产品产量（件）'[Y 产品产量（件）值] * 30, ' 生产线产能(h)'[生

产线产能（h）值]）, 30）

  ）

　　该度量值首先判断了 X 产品单位工时节省成本是否比 Y 产品单位工时节省成本大。如果判断为真，那么计算在 X 产品优先全部自制的情况下，是否还有过剩产能继续生产 Y 产品。内部 MAX 函数判断剩余产能生产的 Y 产品件数是否大于 0，如果判断为真，那么 MIN 函数继续判断剩余产能生产的 Y 产品是否满足 Y 产品的需求量，二者取较小值。用 DIVIDE 函数计算自制 Y 产品的产量。

　　（10）建立 Y 产品外购件数

Y 产品外购件数 =
SWITCH (
　　TRUE (),
　　'Y 产品产量（件）'[Y 产品产量（件）值] − ' 度量值 '[Y 产品自制件数] > 0, 'Y 产品产量（件）'[Y 产品产量（件）值] − ' 度量值 '[Y 产品自制件数],
　　0
)

　　（11）建立调整 X 产品自制件数

调整 X 产品自制件数 =
IF (
　　' 度量值 '[X 产品自制件数] = "",
　　MIN (
　　　　MAX (DIVIDE ('生产线产能(h)'[生产线产能(h)值] − ' 度量值 '[Y 产品自制件数] * 30, 50), 0),
　　　　'X 产品产量（件）'[X 产品产量（件）值]

```
    ),
    ""
)
```

在建立度量值（7）的时候，已将 IF 语句设定为如果 X 产品自制节省的单位成本比 Y 产品自制节省的单位成本小，X 自制产量为空，度量值（11）则用来调整在这种情况下 X 产品的自制件数。

（12）建立调整 X 产品外购件数

```
调整 X 产品外购件数 =
SWITCH (
    TRUE (),
    ' 度量值 '[X 产品自制件数 ] = "", SWITCH (
        TRUE (),
        'X 产品产量（件）'[X 产品产量（件） 值 ] – ' 度量值 '[ 调整 X 产品自制件数 ] > 0,
'X 产品产量（件）'[X 产品产量（件） 值 ] – ' 度量值 '[ 调整 X 产品自制件数 ],
        0
    ),
    ""
)
```

该度量值根据调整的 X 产品自制件数，相应调整其外购量。

（13）建立 X 产品的自制件数

```
X 产品的自制件数 =
IF ( ' 度量值 '[X 产品自制件数 ] = "", ' 度量值 '[ 调整 X 产品自制件数 ], ' 度量值 '[X 产品自
制件数 ] )
```

（14）建立最终 X 产品的外购件数

最终 X 产品的外购件数 =

IF（'度量值'[X 产品自制件数] = "", '度量值'[调整 X 产品外购件数], '度量值'[X 产品外购件数]）

（15）建立选择方案的总利润

选择方案的总利润 =

VAR profitofx = '度量值'[最终 X 产品的自制件数] *（'X 产品边际贡献'[X 产品边际贡献 值] – 'X 产品固定成本'[X 产品固定成本 值]）+ '度量值'[最终 X 产品的外购件数] *（'X 产品价格'[X 产品价格 值] – 'X 产品外购价格'[X 产品外购价格 值]）

VAR profitofy = '度量值'[Y 产品自制件数] *（'Y 产品边际贡献'[Y 产品边际贡献 值] – 'Y 产品固定成本'[Y 产品固定成本 值]）+ '度量值'[Y 产品外购件数] *（'Y 产品价格'[Y 产品价格 值] – 'Y 产品外购价格'[Y 产品外购价格 值]）

RETURN

　　profitofx + profitofy

3. 创建可视化图表

在"可视化"窗格中选择"卡片图"，如图 6-37 所示。将相应度量值放入字段，建立以下度量值的卡片图："最终 X 产品的自制件数""最终 X 产品的外购件数""Y 产品自制件数""Y 产品外购件数""X 产品单位工时节省成本""Y 产品单位工时节省成本""选择方案的总利润"等。

在可视化面板中，将参数制成的切片器和上述卡片图进行组合，如图 6-38 所示。

图 6-37

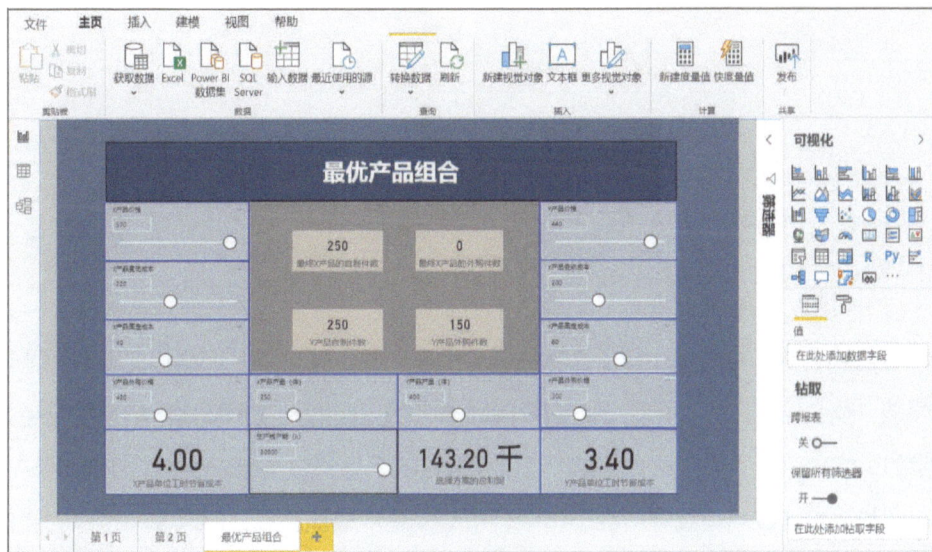

图 6-38

依据上述案例的数据，可以从图中看出与计算相同的结果：最终自制 X 产品 250 件，自制 Y 产品 250 件，另外外购 Y 产品 150 件。方案最后获得的总利润为 14.32 万元。

尽管看上去本案例构建了很多参数和度量值，比起在 Excel 中直接计算，搭建模型会花费更多的时间，但是一旦完成，之后我们可以依据业务的不同需求调整参数，从而快速获得最优产品组合。在实际工作中，销售价格、生产产能这些因素往往是动态变化的，每当数据产生变化，就需要重新计算最优产品组合，而可视化图表能帮助财务分析师快速获得测算结果。

在工作中财务分析师面临的测算多种多样，远不止以上介绍的内容。对于财务分析师来说，最重要的是与业务部门保持密切沟通，在充分了解业务部门的需求和业务形态之后，其搭建起来的财务模型，以及做出的财务预测才能指导业务落地实施。

后记

感谢各位读者的一路陪伴，希望这本书能给大家带来一些启发。如果你能收获一些新的知识或者灵感，我会倍感欣慰。无论你是否是做财务分析工作的，我想在书中给大家传递财务分析师日常的工作内容和工作方法，这些都是从我平日的工作中总结出来的，未必适用所有情况。其中解决问题的方法应用在我平时的工作中，帮助我逐步成长起来，所以本书也是对我自身工作的总结和反省。

这本书主要从 Power BI 的视角介绍财务分析工作，不可避免地会有一定的局限性。在实际工作中，财务分析师一定是从结果和效率出发的，不要拘泥于使用哪个操作软件。Power BI 相比于 Excel，它的优势在于处理大量数据和可视化分析，而在日常工作中还有很多地方需要用到 Excel 这种灵活性更高的软件。所以在实务操作上最好是能结合两者的优点，取长补短，进而实现我们的工作目标。

本书讲述了一些经济学的知识，比如供求关系、幸存者偏差、锚定效应等。其实经济学和财务学科有着很多的共同点和联系，两者都是探讨如何进行决策的学科，在日常生活和工作中应用得十分广泛。在很多需要决策的场景里，往往需要经济学和财务管理知识结合使用，比如从本书第 6 章的案例分析里就能看到这种结合。下面我想结合一个有趣的亲身经历，谈一下对这两方面知识的感受。

在我小学六年级的时候，学校安排活动，要求学生们跟着老师去素质教育基地进行素质拓展，为期五天四夜。小学生对这个活动非常期待，因为大家不用上课，集体去玩。素质拓展的主要内容是把学生们安排在一个封闭的基地，大家在基地里面开展团队建设，还有陶艺、轮滑、射击、爱国主义教育等一系列课程。老师为了让同学们按时吃饭，不建议同学们携带零食去基地。但是我爸妈为了给我补充维生素 C 还是给我装了三个橙子，让我每天吃一个。

就这样，我带着三个橙子去了基地。第一天晚上，我们上完课回到宿舍，有一位室友拿出了一包麦片，其他人接二连三地拿出了各种零食，果不其然，大家还是偷偷带来了零食、饮料或者水果，不甘落后的我也拿出来橙子要吃。"你这个多少钱，能尝一尝吗？给你钱或者拿东西跟你换。"旁边的同学问道。我当时大吃一惊，心想居然还有人带钱了，完全把"穷家富路"的理念贯彻落实。再去其他寝室看了看，大家带的东西种类繁多，应有尽有，不过在少量的分享之余，也吸引很多人带着零用钱进行交易，就这样一个小型市场悄然而生。物品的稀缺性使得供求关系产生，而且货币也开始在市场中流通，交易使得市场经济非常活跃。

我当时对橙子的价值完全没有概念，当然，在那个封闭环境里，由于没有持续的供给，即便对外面市场中的橙子价格一无所知，但我仍可以判断，当时在我们这个小群体中橙子的价格肯定是要高于外面市场中的橙子的实际价格的。所以在定价前，我先是跟贩卖其他零食的小伙伴进行了比价，预计橙子的交易价格在 0.5 元至 1 元，然后跟一个有意买我橙子的同学进行报价，橙子每个一元钱。他按照砍价流程还价 0.5 元，我当时的心理价位还是高于 0.5 元的，所以不同意还价，这桩生意暂时搁置。接着我思考了一下，一共三个橙子，即使销售一个，还有两个橙子待售，花费时间成本的同时，价格也未必能高于 0.5 元。从投入产出的角度看，这种做法的效率不高，不如让那个潜在客户作为我的代理商，发展一个下线客户，作为报酬，我给他 0.5 元的折扣，但是要求他对外声称价格还是 1 元，不能破坏市场的价格体系。通过这种方法，同学也很愿意帮忙"拉新"，而且我也很快地售出了两个橙子，赚取了 1.5 元，平均售价在 0.75 元，高于同学的心理价位。当时是完全凭运气摸索的方法，实际上可以用财务管理的资产收益率去分析，降低价格，从而提高了货物周转率，加速货物周转，如此一来，虽然利润率降低，但是周转率提升后，资产收益率仍保持了较高的水平。

小伙伴在品尝到橙子之后发现产品质量优异，味道非常甜，他计划把我库存中仅存的一个橙子买下。经济学原理中讲到，商品的价格由价值决定，并且受到供求关系影响。这时候我的产品价值（橙子很甜）被用户发现了，而且市场上仅有最后一个橙子了，产品供不应求，不可避免的结果是价值和供求关系体现在产品价格的变化上，所以我将产品价格提升到每个 2 元。此时已经是卖方市场了，站在卖家的角度，提高售价也是常见的定价策略。就这样，第三个橙子以 2 元的价格最终成交，橙子售卖就此结束。在生活中，只要做个有心人，平时多加思考就能发现在很多决策的情形中都蕴藏着经济学和财务学的知识。

最近很火的"地摊经济"让很多公司老板、上班族加入摆摊的浪潮中，或者售卖，或者购买，参与者不亦乐乎。随着一个个小型市场逐渐活跃起来，在愈发热闹的同时，想必整个市场的信心也会在疫情之后逐渐恢复。

作者

2020 年 7 月 5 日

参考文献

[1] 黄汉江 . 投资大辞典 [M]. 上海：上海社会科学院出版社 , 1990.

[2] 马世权 . 从 Excel 到 Power BI：商业智能数据分析 [M]. 北京：电子工业出版社 , 2018.

[3] 武俊敏 . Power BI 商业数据分析项目实战 [M]. 北京：电子工业出版社 , 2019.

[4] 李燕翔 . 500 强企业财务分析实务：一切为经营管理服务 [M]. 北京：机械工业出版社 , 2015.